Zu diesem Buch

Ich bin ein ganz normales 13-jähriges Mädchen wie all die anderen in meinem Alter. Ich habe tolle Freundinnen, liebevolle Eltern, und auch sonst läuft in meinem Leben alles so, wie ich es mir wünsche. Ein lebensfrohes, glückliches Mädchen eben. Ich habe nie einen Gedanken daran verschwendet, dass sich das irgendwann mal ändern würde.

Annika Gockel *wurde 2000 in Paderborn geboren und hat schon als Kind gerne geschrieben. Bis zur 8. Klasse besuchte sie ein Gymnasium – dann kam sie mit der Diagnose Anorexia nervosa in eine Klink. Während ihrer Krankheit hat sie viele Bücher über Essstörungen gelesen, die oftmals mit dem Tod der Betroffenen endeten. Als es ihr endlich gelungen war ihre Magersucht zu überwinden, beschloss sie deshalb von ihrem Erfolg zu erzählen und anderen Betroffenen damit Mut zu machen.*

One apple a day

Mein Weg aus der Sucht nach weniger Gewicht

von

Annika Gockel

Impressum

Bibliografische Information der Deutschen Nationalbibliothek:

Die Deutsche Nationalbibliothek verzeichnet diese Publikation in der Deutschen Nationalbibliografie; detaillierte bibliografische Daten sind im Internet über http://dnb.dnb.de abrufbar.

*© 2018 **Annika Gockel***

*Illustration: **Lara Sommer***

Satz und Gestaltung: Pigmente Momente, Paderborn

*Herstellung und Verlag: **BoD – Books on Demand,** Norderstedt*

*ISBN: **978-3-7528-4186-2***

Inhalt

*An alle Menschen, die in guten sowie in
schlechten Zeiten an meiner Seite standen
und noch weiterhin stehen werden.*

*Ganz besonders widme ich dieses Buch
meiner besten Freundin und somit
der wichtigsten Person in meinem Leben.*

*Danke, Lara, dass du immer für mich da warst
und nie aufgehört hast, an mich zu glauben.*

„Die Angst vor dem Leben ist die größte Angst der Menschen. Wir fürchten uns nicht so sehr vor dem Tod. Unsere größte Angst ist es, das Risiko des Lebens einzugehen – das Risiko, lebendig zu sein und auszudrücken, wer und was wir wirklich sind. Einfach nur sie selbst zu sein, ist die größte Angst der Menschen."

Don Miguel Ruiz

Prolog

Dieses Buch wird anders sein als andere Bücher –
ohne jegliche Euphemismen, sondern es wird nur die
Wahrheit erzählen.

Vielleicht ist sie für den ein oder anderen erschreckend, oder sie regt ihn zum Nachdenken an, aber
man muss der Wahrheit ins Auge sehen und kann sie
nicht einfach von sich wegschieben. Wenn man die
Dinge für sich behält, kann man sie sich schönden-
ken, verzerren oder gar verdrängen. Doch wenn man
sie ausspricht, dann steht die Wahrheit unwiderruflich
im Raum. Lacht einem ins Gesicht und schreit einem
entgegen, was man nicht wahrhaben will. Und somit
werden Dinge einem erst bewusst, wenn man von
ihnen erzählt.

Vielleicht möchte ich genau deswegen in meinem
Buch ein Thema ansprechen, das heutzutage in ge-
wisser Weise immer noch zu den Tabuthemen zählt.

Ich hoffe, ich kann Menschen mit meinen Worten erreichen und ihnen einen kleinen Einblick in die Welt der Betroffenen verschaffen.

Ich möchte, dass dieses Thema nicht totgeschwiegen wird, sondern Menschen offener damit umgehen können.

Auch wenn niemand bis auf diejenigen, die alles selbst durchlebt haben, verstehen kann, wie es in den Köpfen und im Inneren dieser Menschen aussieht, hoffe ich, dass mein Buch auch Angehörigen gute Ansätze und Hilfestellungen an die Hand geben kann.

Betroffenen soll dieses Buch zeigen, dass es ein langer Weg sein wird und immer wieder Situationen auftreten werden, an denen man glaubt zu scheitern.

Trotzdem ist es wichtig, nicht gleich die Flinte ins Korn zu werfen, sondern immer weiterzukämpfen, nach jedem Rückfall wieder aufzustehen und sich mit neuem Mut dem Leben und seinen Ängsten zu stellen.

Nach jedem Tal geht es auch immer wieder bergauf.

Und auch wenn das Licht am Ende des Tunnels noch so weit entfernt scheint, irgendwann wird man es erreichen und sagen können, dass man es geschafft hat. Und dann sei stolz auf dich, denn niemand außer dir weiß, wie viel Kraft, Tränen, Mut und Vertrauen es dich gekostet hat, dort zu sein, wo du jetzt bist.

Selbst ich bin noch auf dem Weg in Richtung Licht, aber ich kann auf jeden Fortschritt, den ich bis jetzt gemacht habe, stolz sein. Ich weiß selbst, wie schwer es ist loszulassen, aber jeder noch so kleine Schritt bringt wieder Licht und Farbe in euer Leben.

Ich habe mich für das Leben entschieden.

Und jeder Einzelne da draußen kann diese Entscheidung für sich treffen. Also fangt an, eure eigene Geschichte zu leben.

Kontrollverlust

Ich bin ein ganz normales 13-jähriges Mädchen wie all die anderen in meinem Alter. Ich habe tolle Freundinnen, liebevolle Eltern, und auch sonst läuft in meinem Leben alles so, wie ich es mir wünsche. Ein lebensfrohes, glückliches Mädchen eben. Ich habe nie einen Gedanken daran verschwendet, dass sich das irgendwann mal ändern würde.

Ich komme nach Hause, werfe meine Schultasche in die Ecke und laufe in die Küche. Meine Mutter steht am Herd und ist gerade dabei, mein Lieblingsgericht zu kochen: frische Bratwürstchen mit Nudeln. Hungrig setze ich mich an den Tisch und kann es kaum erwarten, dass das Essen endlich fertig ist. Sie setzt sich zu mir: „Wie war die Schule heute?" „Gut, ich habe sogar heute mal wenig Hausaufgaben auf." Ich freue mich sehr darüber, denn heute Abend habe ich noch Training. Ich mache jetzt schon seit fünf Jahren Rope-Skipping. Rope-Skipping ist eine aus Amerika stammende

Sportart des modernen Seilspringens. Es ist meine Leidenschaft. Und heute ist mein großer Tag, denn ich komme endlich in die dritte Gruppe – zu den Großen. Ich bin schon ziemlich aufgeregt und hoffe, dass alle dort nett sein werden. Aber zum Glück ist Sabine heute auch zum ersten Mal da. Sabine ist eine sehr gute Freundin. Wir beide kennen uns schon aus der Grundschule, und sie liebt das Rope-Skipping genauso wie ich. Bevor ich mich umziehe, erledige ich noch schnell meine Hausaufgaben. Ich muss einen Essay in Französisch schreiben. Französisch ist mein Lieblingsfach, weshalb ich auch schnell mit der Aufgabe fertig bin. Leider muss ich jetzt aber noch Mathe machen. Mathe ist definitiv keins von meinen Lieblingsfächern, und besonders gut kann ich es auch nicht. Ich rufe meine Mutter, damit sie mir noch mal alles erklärt. Nachdem ich wenigstens das Nötigste verstanden und die Aufgaben einigermaßen gelöst habe, mache ich mich auf den Weg zur Sporthalle. Ich treffe mich vor der Tür mit Sabine und gehe zusammen mit ihr in die Kabine. Die anderen lächeln nett, als wir reinkommen, und begrüßen uns freundlich. Dann fängt auch schon das Training an. Zuerst wärmen wir uns alle gemeinsam auf, und Karin, unsere Trainerin, stellt uns kurz der Gruppe vor. Danach kann heute jeder das üben, was er möchte. Nick und Christina, zwei der anderen Trainer, zeigen uns beiden ein paar Sprünge, die wir üben können. So schnell wie das Training angefangen hat, so schnell ist es auch schon wieder vorbei. Als ich nach Hause komme, ist mein Vater in der Zwischenzeit auch von der Arbeit nach Hause gekommen. Wir setzen uns alle an den Küchentisch, und ich erzähle ihm von meinem Training. Nach dem Abendessen gehe ich hoch an meinen Laptop und skype mit Sabine. Wir schreiben über das Training. Unsere Trainerin hat uns beide gefragt, ob wir ab nächste Woche die unteren beiden Gruppen als Helfer mittrainieren können. Wir sind natürlich Feuer und Flamme und haben direkt zugesagt. Wir reden ein bisschen über Nick. Er ist echt nett und unglaublich lustig. Wir nehmen uns vor, ihn nächste Woche nach seinem Skype-Namen zu fragen. Der Rest der Woche vergeht schnell, denn meine Tage sind komplett verplant. Am Mittwoch habe ich Querflötenunterricht im Musikverein, Donnerstag Training für die Showgruppe und Freitag Klavier. Am Samstag treffe ich mich mit Sabine. Wir gehen zusammen shoppen, und abends haben wir vor, einen Mädelsabend zu machen. Wir bestellen Pizza und machen uns Quarkmasken mit Gurke. Wir reden bis in die Nacht, bis ihre Mutter kommt und uns bittet, endlich mal zu schlafen.

Am nächsten Tag fahre ich mit meiner Familie zu meiner Oma. Es gibt meinen Lieblingskuchen: Stachelbeertorte. Ich esse zwei ganze Stücke. Die nächsten Wochen vergehen wie im Flug, ich lerne Nick immer näher kennen, und wir werden immer mehr zu besten Freunden. Bei jedem Problem ist er für mich da und versucht, mir so gut wie möglich zu helfen. Aber auch Sabine und Nick verstehen sich immer besser. Am Wochenende verabrede ich mich mit Hanna. Ich kenne Hanna schon seit dem Kindergarten, und seit dem Zeitpunkt sind wir unzertrennlich. Mittags schreibe ich ihr und frage, ob Vivian, ein Mädchen, welches Hanna auch schon seit der Grundschule kennt, noch mitkommen kann. Aber ohne Grund rastet sie total aus.

„Dann geh doch einfach mit ihr alleine hin, jetzt habe ich auch keinen Bock mehr, mit dir Schlittschuh fahren zu gehen, wenn du schon wen Besseres gefunden hast."

Jetzt versteh ich gar nichts mehr, so kenne ich sie gar nicht. Als ich sie abends mit Vivian in der Eishalle treffe, würdigt sie mich keines Blickes und geht mit Noelle weg. Ich bin megatraurig als ich wieder zu Hause bin ,und schreibe ihr, um mich wieder mit ihr zu vertragen. Aber sie macht keine Anstalten, etwas mit mir klären zu wollen, und macht mir durchgehend Vorwürfe. Irgendwann wird mir alles zu viel, und ich schreibe Nick, um ihn nach Hilfe zu fragen. Er weiß jedoch auch nicht wirklich, was ich machen kann, weil ich ja noch nicht mal einen Fehler gemacht habe. Die kommenden Wochen ändert sich nichts an der ganzen Situation. Jedes Mal wenn wir uns sehen, weicht Hanna meinen Blicken aus, auf dem Schulweg morgens reden wir kein Wort miteinander, und zusammen etwas unternehmen machen wir erst recht nicht mehr. Mir geht es mit dieser Situation total schlecht, selbst meine Eltern merken, dass es mir zunehmend schlechter geht. Jeden Abend liege ich auf dem Boden meines Zimmers und verzweifle, da ich nicht weiß, wie ich meine beste Freundin wiederbekomme. Aber wenigstens habe ich Nick. Er ist wie ein großer Bruder, den ich nie hatte, und es hilft, mit ihm zu reden. Heute ist Sonntag, und ich bin wieder bei meiner Oma. Ich gehe auf die Toilette und öffne den Spiegelschrank. Mein Blick fällt direkt auf die Rasierklingen, und ohne lange nachzudenken, stecke ich eine in meine Tasche. Abends liege ich in meinem Bett und starre die Klinge an. Soll ich oder nicht? Ich nehme sie in meine Hand und fahre langsam mit meinem Finger über das glänzende Metall. Im Hintergrund läuft „Herz" von Casper.

„Bleib hier! Bitte bleib! – Schweig!

Ich muss dir was zeigen, es ist tief unten, ganz weit

Ein Schritt, ein Blick, ein Gedanke

Eine Klinge, eine Träne, eine Hand, ein Schnitt"

Ich ziehe mein T-Shirt hoch und drücke die Klinge tief in meine Haut. Das warme Blut rinnt meine Seite herunter. In diesem Moment spüre ich nichts mehr, nichts außer dem Schmerz. Es ist ein gutes Gefühl, endlich wieder etwas anderes als Traurigkeit zu spüren. Noch zwei weitere Male schneide ich tief in meine Haut. Es ist ein befreiendes Gefühl, das sich in mir ausbreitet. Ich versteckte die Klinge in einem Taschentuch und lege es in die hinterste Ecke meiner Schublade. Nachdem ich die Wunden mit einem Pflaster abgeklebt habe, schlafe ich ein. Am nächsten Morgen wache ich auf. Ich stehe auf und schaue in den Spiegel. Das Pflaster ist komplett durchgeblutet. Vorsichtig löse ich es von meiner Haut und betrachte die roten Narben auf meinen Rippen. Den ganzen Tag über bin ich in Gedanken und konzentriere mich kaum auf das, was alles um mich herum geschieht. Gerade bin ich auf dem Weg zum Latein-Unterricht, als Svenja mich anspricht: „Was ist los, meine Kleine? Du wirkst so, als würde dich etwas bedrücken." „Alles gut", lüge ich. Ich habe jetzt keine Lust, mit jemandem zu reden. „Ich bin einfach nur müde." Das war noch nicht mal gelogen. Ich bin in letzter Zeit wirklich einfach nur noch müde. Müde vom Leben. Es fühlt sich an wie in einem Strudel, der versucht, mich immer weiter in die Tiefe zu reißen. Ich fühle mich mit all diesen Gefühlen überfordert und weiß nicht, wie ich mit diesen Gedanken umgehen soll. Ich traue mich nicht, mit irgendjemand zu reden, es würden doch bestimmt sowieso alle denken, ich wäre total gestört. Wie soll man denn bitte auch jemandem erklären, dass man sich selbst verletzt, um etwas anderes zu fühlen als Traurigkeit. Keiner würde mich verstehen. Außer Nick vielleicht. Aber auch das muss noch warten, ich bin noch nicht bereit für solche Gespräche. Ich entschließe mich dazu, erst mal so zu tun, als wäre alles in Ordnung. Wenn es schlimmer wird, kann ich ja immer noch mit ihm reden. Ich muss nur noch Latein überleben, dann kann ich nach Hause in mein Bett. Zu meinem Glück ist unser Lateinlehrer heute nicht da, und ich erledige gemeinsam mit Svenja die Hausaufgaben. Ich mag Svenja. Mit ihr ist Latein wenigstens einigermaßen erträglich. Und sie hilft mir immer in Mathe, wenn ich mal wieder die einfachsten Aufgaben nicht auf die Reihe bekomme. Mathe und ich werden in diesem Leben keine Freunde mehr.

Lange Rede, kurzer Sinn — Svenja ist halt einfach das lebende Beispiel für die in Büchern beschriebene gute Seele. Sie hilft jedem, wo sie nur kann, und ist immer gut drauf. Ich bin froh, dass sie meine Freundin ist. Nach der Schule gehe ich zu meiner Oma, weil meine Mama Spätschicht hat. Meine Großeltern wohnen direkt neben uns. Ich bin gerne bei meiner Oma. Schon als Kind war ich ständig bei ihr, wenn meine Eltern mal wieder arbeiten mussten. Bis vor Kurzem hat auch noch meine Uroma dort gelebt. Ich habe sie jeden Tag besucht. In ihrem Schränkchen hatte sie für mich immer ein Schälchen mit Gummibärchen. Jeden Tag hat sie es für mich aufgefüllt. Es gehörte zu meinem Tag dazu, zu ihr zu gehen, meine „Klümpkes", wie sie sie nannte, abzuholen und mich eine Weile mit ihr zu unterhalten. Wenn ich mal bei meiner Oma übernachtete, brachte ich ihr das Abendessen hoch und guckte mit ihr zusammen „Verbotene Liebe". Das ganze Jahr über strickte sie Socken, die jeder aus der Familie dann zu Weihnachten geschenkt bekam. Gespannt lauschte ich den Geschichten von früher, die meine Oma und sie mir erzählten. Ich war stolz auf meine Uroma, denn niemand den ich kannte, konnte von sich behaupten, dass er eine 100 Jahre alte Uroma besaß. Umso schlimmer war es für mich, als sie starb. An ihrem letzten Abend saß ich mit meinen Eltern neben ihrem Bett. Ich wollte gerade gehen, als meine Mutter mir sagte, ich solle mich noch von ihr verabschieden. Ich nahm sie in den Arm und sagte: „Tschüss, Oma, bis morgen." Ich wusste, dass sie krank war, aber ich war überzeugt davon, dass sie wieder zu Kräften kommen würde. Ich wollte den Gedanken nicht wahrhaben, dass sie sterben könnte.

Als ich den nächsten Tag nach unten kam, wusste ich, dass etwas anders war. Ich sah Mama und Papa an. „Kleine Oma ist gestern Nacht gestorben", sagt eMama. Tränen sammelten sich in meinen Augen, aber ich ließ sie laufen. Mama nahm mich in den Arm, und auch Papa versuchte, mich irgendwie zu beruhigen. Wir gingen gemeinsam rüber, und ich ging in ihr Zimmer. Sie lag in ihrem Bett, als würde sie schlafen. Ich nahm ihre Hand; sie war kalt. Ich wusste, ich würde sie jetzt das letzte Mal sehen, aber realisieren konnte und wollte ich es nicht. Am Tag der Beerdigung wollte ich stark sein, jede einzelne Träne versuchte ich zu unterdrücken. Ich wollte nicht schon wieder weinen. In der Kirche fühlte es sich an, als würde ein dicker Kloß in meinem Hals stecken, der immer größer zu werden schien. Als ich dann jedoch vor ihrem Grab stand und meine Blume hineinwarf, konnte ich meine Traurigkeit nicht mehr verbergen. Alles brach aus mir heraus. Die Tränen flossen wie Bäche meine

Wangen hinunter, und mein Schluchzen war so laut und kläglich wie das eines kleinen Kindes. Ich wollte einfach nur noch weg. Um mich abzulenken, fuhr Mama mich zum Training. Einige Tage später sagte Nick etwas zu mir, an das ich heute noch oft denke: „Erinnerungen sind wichtig, aber du solltest dennoch mit offenen Augen nach vorne schauen – mit einem Lächeln an die Vergangenheit denken und mit einem Lächeln das Kommende erwarten."

Bei meiner Oma gibt es heute Pommes. Ich liebe Pommes. Außerdem gibt es noch einen Grund, warum ich gerne bei meiner Oma bin: Sie kocht immer das, was ich am liebsten esse. Außerdem lebt unser Hund bei meiner Oma. Wir haben ihn gekauft, als ich in die Grundschule gekommen bin. Sein Name ist Robin. Auch heute lege ich mich zu ihm auf den Boden und streichle ihn. Ich weiß, wie gerne er das hat. Ich erzähle ihm von meinem Streit mit Hanna. Immer wenn ich mit ihm rede, schaut er mich aufmerksam mit seinen großen dunkelbraunen Augen an. Ich habe das Gefühl, dass er mich versteht. Auch wenn er mir nicht wirklich eine Antwort geben kann, hilft es mir, ihm alle meine Sorgen zu erzählen. Vielleicht stimmt es ja doch, dass Tiere einen oft besser verstehen als Menschen.

Mittlerweile ist es schon Ende November. An diesem Wochenende ist bei uns Adventsmarkt, und ich gehe zusammen mit Nick hin. Zusammen mit ihm trinke ich zum ersten Mal Alkohol. Erst bin ich mir unsicher und bleibe bei meinem Kinderpunsch, aber dann tausche ich mit ihm. Der Eierpunsch schmeckt besser, als ich gedacht habe. Nick hat meiner Mama versprochen, dass er mich nach Hause bringt, also machen wir uns langsam auf den Weg. Zu Hause angekommen, schleiche ich leise die Treppe zu meinem Zimmer hoch. Ich habe meine zwei Zimmer eine Etage über der Wohnung meiner Eltern – worüber ich echt froh bin. Müde lege ich mich in mein Bett. Heute war seit Langem mal wieder ein guter Tag, an dem ich den Streit mit Hanna vergessen konnte.

Das neue Jahr rückt von Tag zu Tag immer näher, in der Schule schreiben wir die letzten Arbeiten für dieses Halbjahr. Jede Woche freue ich mich auf das Training und somit auf die Zeit mit Sabine und Nick. Wir lachen viel zusammen. Es macht mir Spaß, den kleineren Kindern neue Sprünge und Tricks beizubringen. Ich freue mich, wenn sie mit einem Grinsen im Gesicht auf mich zugelaufen kommen und mir stolz zeigen, was sie Neues gelernt haben. Auch wenn sie manchmal echt anstrengend sind und einfach nicht das machen wollen, was sie eigentlich sollen, arbeite ich gerne mit ihnen.

Heute ist der letzte Schultag vor den Weihnachtsferien. In der Schule gucken wir heute Filme und essen Kekse. Nach der Schule gehe ich mit meinen Freundinnen aus meiner Klasse zum Chinesen. Bei uns ist es schon fast zu einem Ritual geworden, dass wir immer am letzten Tag vor den Ferien zum Chinesen gehen. Ich liebe chinesisches Essen. Es gibt heute mal wieder eine riesige Auswahl an Speisen, und ich kann mich kaum entscheiden, da alles so unglaublich lecker aussieht. Schlussendlich entscheide ich mich für Ente und gebratene Nudeln mit Gemüse. Gute Wahl, es schmeckt superlecker. Nach dem Essen gehen wir noch alle zusammen shoppen. Bei H&M suchen wir uns jeder gegenseitig ein Outfit aus, das der andere dann anprobieren muss. Ich probiere ein schwarz-weiß gemustertes Kleid an. Es gefällt mir, und ich nehme es direkt mit. Auch die anderen haben ein paar Sachen gefunden. Nun muss ich aber auch nach Hause, denn freitags ist bei meinen Großeltern, die direkt neben uns wohnen, immer Familienkaffeetrinken. Meine Oma kann die besten Torten backen, und jedes Mal backt sie viel zu viele. Es gibt Schoko-Sahne-Torte. Die esse ich immer am liebsten. Auch mein Onkel mit seiner Freundin und meinem kleinen Cousin sind da. Ich setze mich ein bisschen zu ihm auf den Boden und spiele mit ihm. Meine Mutter und meine Oma besprechen währenddessen die Planung für Weihnachten. Heiligabend verbringen wir immer bei meinen Großeltern. Es soll Raclette geben, und am zweiten Weihnachtstag gehen wir mit der ganzen Familie zum Chinesen. Ich freue mich jetzt schon darauf.

Die Weihnachtsfeiertage verbringe ich mit meiner Familie. Einen Tag vor meinem Geburtstag treffe ich mich wieder mal mit Sabine. Sie hat zu Weihnachten einen Laptop bekommen und zeigt mir stolz ihr neues SIMS-Spiel. Als Sabine kurz auf der Toilette verschwindet, setze ich mich schon mal vor ihren Computer, damit wir zusammen spielen können. Auf ihrem Handy, welches vor mir liegt, erscheint eine Nachricht. Sie ist von Nick. Auch Sabine ist gut mit Nick befreundet, seit wir gemeinsam mit ihm beim Training sind. Neugierig lese ich die Nachricht: „Wirklich ohne alles?" Ich verstehe nicht ganz. Sabine kommt zurück ins Zimmer und setzt sich neben mich. „Nick hat dir geschrieben", sage ich ihr. Sofort nimmt sie ihr Handy und fängt fast schon aufgeregt an zu lesen. „Was meint er damit?" frage ich sie. „Mit was?", antwortet sie mir, ohne auch nur einen Moment vom Display aufzuschauen. „Mit dem ‚ohne alles'?" „Ach, ist nicht so wichtig", meint sie. „Nein, jetzt rück schon raus mit der Sprache. Ich merk doch, dass du mir irgendetwas verheimlichst!" quengele ich. „Okaaay, ich sag's dir ja schon, aber du darfst wirklich mit niemandem darüber reden. Du musst es mir versprechen: kein Sterbenswörtchen – zu niemandem. Und schon gar nicht zu Nick!" Was kann es denn so Schlimmes sein, dass sie nicht will, dass niemand es erfährt?, denke ich mir, als es schon aus ihr herausplatzt: „Wir haben uns geküsst", sagt Sabine und schaut mich mit einem breiten Grinsen an. Ehe ich eine Antwort darauf geben kann, sprudelt es wie ein Wasserfall aus ihr heraus. Ich höre jedoch nur mit einem Ohr zu. Das kann doch nicht sein. Sabine und Nick haben sich geküsst. Nick ist doch mindestens vier Jahre älter als wir. Als sie eine kurze Atempause macht, klinke ich mich wieder ein: „Und was hatte jetzt die Nachricht zu bedeuten?" „Es ging um so Fotos eben", druckst sie verlegen herum. So, um solche Fotos ging es also, denke ich mir verwirrt. Und wie ich so länger über die ganze Sache nachdenke, merke ich, wie sich ein kleiner Kloß, der immer größer zu werden scheint, in meinem Hals bildet. Ich spüre, wie meine Augen anfangen zu brennen, und ohne dass ich es will, läuft auch schon die erste Träne meine Wange hinunter. Ich schluchze leise. „Was ist denn jetzt mit dir los? Geht's dir nicht gut?", fragt Sabine überrascht. „Nein, alles gut!", lüge ich, „Ich freu mich einfach so für dich, weil ich merke, wie glücklich dich das gerade alles macht." Diese Aussage ist für Sabine anscheinend ausreichend, denn sie widmet sich direkt wieder ihrem Handy und fängt schon wieder an, wie wild darauf herumzutippen. Es ist schon spät geworden, und ich werde von meiner Mutter abgeholt. Zu Hause im Bett sind meine Gedanken immer noch bei Sabine und Nick. Ich kann es einfach noch nicht fassen, dass sie sich geküsst haben sollen. Je mehr ich darüber nachdenke, desto trauriger werde ich. Ich weiß nicht einmal, warum mich das alles überhaupt so traurig macht. Ich habe doch allen Grund, mich für Sabine zu freuen. Sie ist doch schließlich meine beste Freundin. Aber es gelingt mir einfach nicht. Ich schlafe völlig erschöpft ein.

Als ich die Augen aufmache, stehen meine Eltern vor mir: „Alles Gute zum Geburtstag", rufen sie und stimmen auch schon mein Geburtstagsständchen an. Heute werde ich 13. Nach einem superleckeren Frühstück stehe ich auf und ziehe mich an. Ich gehe runter und helfe meiner Mutter bei den Vorbereitungen für meine Geburtstagsfeier, denn nachmittags wird meine Familie zum Kaffeetrinken kommen, bevor ich dann abends zusammen mit meinen Freundinnen bowlen gehe.

Einige Monate vergehen. Momentan sind Sommerferien. Gemeinsam mit meinen Eltern komme ich gerade aus Griechenland. Unser Familienurlaub ging dieses Jahr nach Kreta. Es waren schöne zwei Wochen, aber ich merke, dass ich mich seit einiger Zeit nicht mehr wohl in meinem Körper fühle. Auch schon am Strand lag ich nur noch ungern im Bikini. In letzter Zeit kreisen meine Gedanken viel um das Thema Diäten und Abnehmen. Ich grübele, was ich machen kann, und nach langem Lesen habe ich das Richtige für mich gefunden: Ernährungsumstellung. Ich nehme mir jetzt vor, mich nur noch vegetarisch zu ernähren. Für mich, die eine begnadete fleischfressende Pflanze ist, wird das eine ziemliche Umstellung werden. Heute treffe ich mich noch mit Nick. Wir wollen zusammen ins Kino gehen. Zu seiner Begeisterung habe ich mir den Film ausgesucht: „Das Schicksal ist ein mieser Verräter". Zusammen fahren wir mit dem Bus in die Stadt. Im Bus erzähle ich ihm von meinem Plan. Als ich zu Ende geredet hab, guckt er mich an wie ein Auto. Er selber ist jemand, der fast nur Fleisch isst. Selbst Salat rührt er nur an, wenn er es wirklich muss. Aber er bewundert mich auch, dass ich meinen Plan wirklich durchziehen will: „Respekt, Annika, also ich würde das definitiv nicht durchhalten!" In Paderborn angekommen, machen wir uns auf den Weg zum Kino. Nick fragt, ob er noch Popcorn kaufen soll. Natürlich sage ich nein, da ich ja schließlich abnehmen möchte, und Popcorn ist in dem Fall definitiv nicht das Richtige. Gemeinsam suchen wir unsere Plätze und unterhalten uns noch ein bisschen. Der Film ist unglaublich bewegend, und ich schaffe es nicht, meine Tränen an der ein oder anderen Stelle zurückzuhalten. Aber wie immer ist Nick da: Er wischt meine Tränen weg, streichelt mir beruhigend über den Rücken und tröstet mich. Als der Film zu Ende ist, gehen wir nach draußen. Es ist kühl. Nick nimmt mich in den Arm und sagt, dass alles gut wird. Er merkt sofort, wenn es mir nicht gut geht, und auch wenn er nichts sagt, tut es gut, wenn er da ist. Mein Vater holt uns beide ab, und wir fahren nach Hause. Zu Hause angekommen, gehe ich in mein Zimmer. Ich will nicht, dass jemand sieht, dass ich geweint habe. Ich lege mich ins Bett und bedanke mich bei Nick für den wunderschönen Abend. Ich merke, wie mein Magen knurrt. Ich habe Hunger. Aber es macht mir nichts aus. Ein bisschen weniger zu essen schadet doch nicht, wenn man sowieso abnehmen will. Am nächsten Morgen stehe ich ein bisschen früher auf als sonst. Ich gehe ins Badezimmer und verschließe die Tür. Leise ziehe ich die Waage hervor. Ganz vorsichtig stelle ich mich auf sie. 52,5 kg. Ich steige wieder runter und schiebe sie leise wieder an ihren Platz. Meine Eltern sollen nicht merken, dass ich mich gewogen habe. Während ich dusche, kreisen meine Gedanken die ganze Zeit um mein Gewicht. Ich fühle mich unwohl und viel zu schwer. Ich überlege mir ein Wunschgewicht. Ich entscheide mich für 45 kg. Ich bin mir sicher, dass ich mich mit 45 kg schön fühlen werde. Ich nehme mir vor, mein Ziel so schnell wie möglich zu erreichen. Der Schultag verläuft wie immer, außer dass ich statt meinem Salami-Brötchen heute mal nur ein paar Tomaten und ein Käsebrot esse. Einige meiner Freundinnen sind auch Vegetarierinnen und finden es richtig cool, dass auch ich jetzt dazugehöre. Nach der Schule fahren meine Mutter und ich zu meiner Oma. Sie ist überhaupt nicht begeistert von meinem Vorhaben, mich nur noch ausschließlich vegetarisch zu ernähren. Für sie gehört Fleisch zu einer guten Ernährung dazu, und somit diskutieren wir den ganzen Nachmittag über das Thema. Trotz ihrer Bemühungen, mich davon zu überzeugen, doch wieder Fleisch zu essen, bleibe ich standhaft. Bevor ich schlafen gehe, esse ich noch ein bisschen Gemüse. In meinem Bett kreisen meine Gedanken ums Abnehmen. Ich suche im Internet nach Abnehmtipps und gelange auf eine Seite mit einer langen Liste von Dingen, die schnelles und leichtes Abnehmen versprechen. Ich suche mir mehrere Aspekte aus und nehme mir vor, sie ab jetzt umzusetzen:

- Während des Essens muss viel getrunken werden.

- Jeder Bissen muss mindestens 20-mal gekaut werden.

- Trink koffeinhaltige Getränke. Sie beschleunigen den Stoffwechsel und zügeln den Appetit.

- Kohlenhydratzufuhr einschränken.

Von nun an beginnt jeder Tag mit dem Schritt auf die Waage. Immer öfter bin ich im Internet auf Seiten unterwegs, die ein unrealistisch dünnes Körperbild verherrlichen.

Mittlerweile ist es Herbst, und ich wiege jetzt nur noch knapp 47 kg. Das Essen, das meine Mutter mir mit in die Schule gibt, verschenke ich an meine Mitschüler. Ich bin unglaublich froh, dass sie mein Essen für mich essen und noch nicht mal merken, dass ich selbst gar nichts davon esse. Meine Brote schmeiße ich heimlich auf der Toilette weg. Ich bin stolz, mit welcher Disziplin ich mein Ziel verfolge. Damit niemandem auffällt, dass mit mir etwas nicht stimmt, schotte ich mich immer mehr von meinen Freundinnen ab und verbringe die Pausen stattdessen lieber mit anderen Leuten. Heute ist wieder mal Training. Ich habe den ganzen Tag kaum etwas gegessen und freue mich darauf, zusätzlich noch drei Stunden Sport zu machen. Nick und Sabine sind auch wieder da. Ich weiß, dass zwischen den beiden immer noch etwas läuft, und ich komme immer noch nicht wirklich damit klar. Immer öfter ertappe ich mich dabei, wie ich mich mit Sabine vergleiche. Sie kommt immer so selbstbewusst rüber und kann mit Nick im Gegensatz zu mir viel offener reden. Innerlich beneide ich sie ein bisschen und wäre gerne etwas mehr wie sie. Für ihn bin ich bestimmt nur das kleine, schüchterne Mädchen. Wenn ich mit ihm schreibe, finde ich viel bessere Worte und kann mich viel freier ausdrücken. Seine Umarmung tut jedoch wie jedes Mal wieder gut. Das Training ist heute ziemlich anstrengend, aber ich zwinge mich dazu weiterzumachen und erlaube mir nicht, eine Pause einzulegen. Meine Leidenschaft für meinen Sport ist in den letzten Wochen immer mehr zu einem Zwang geworden. Ich versuche, jedes Mal an mein Limit zu gehen, und auch wenn ich eigentlich kaum noch Kraft habe, ziehe ich alles bis zum Ende durch. Zu Hause angekommen, gehe ich ohne Abendessen ins Bett. Zum Glück hat sich mein Hungergefühl durch das dauerhafte Reduzieren und Auslassen meiner Mahlzeiten so gut wie abgestellt. Das peinliche Knurren meines Magens durchbricht schon länger nicht mehr die Stille im Klassenzimmer. Ich habe zwar jedes Mal versucht, es zu unterdrücken, aber meine Sitznachbarinnen haben es immer gehört. Jedes Mal habe ich gemerkt, wie komisch sie mich von der Seite angeschaut haben. Aber das hat nun endlich ein Ende, da mein Körper sich darauf eingestellt hat, dass ich ihm nichts gebe – auch wenn er mir Signale sendet. Ich überhöre sie – mit Erfolg. Es fällt mir dadurch immer leichter, weniger zu essen. Und wenn es zwischendurch doch noch mal dazu kommt, dass sich mein Magen leer anfühlt, schiebe ich mir schnell ein Kaugummi in den Mund. So täusche ich meinem Körper vor, Essen zu mir zu nehmen, und schon lässt er mich wieder in Ruhe. Viel Wasser zu trinken hilft auch, habe ich herausgefunden.

Ich stelle mich vor den Spiegel in meinem Zimmer. Jeden noch so kleinen Teil meines Köpers betrachte ich ganz genau. Seit dem Sommer und somit dem Anfang meiner Diät habe ich mich stark verändert. Meine Hüftknochen stechen stark an meinem Äußeren heraus, und auch meine Rippenbögen sind definiert. Für mich können alle meine Knochen gar nicht genug hervorstehen. Ich bin unfassbar stolz auf sie. Aber trotzdem bin ich noch zu dick. Wenn ich meine Beine und meinen Bauch betrachte, sehe ich nur eins – Fett. Überall Fett. Ich höre die Stimme in meinem Kopf: „Du hässliches Miststück! Glaubst du, irgendwer mag dich fette Kuh. Du bist eine Versagerin!" Immer öfter höre ich diese

Stimme in letzter Zeit. Sie verbietet mir das Essen und lobt mich, wenn ich es schaffe zu widerstehen. Sie ist stolz auf mich, wenn ich abnehme. Sie sagt mir, dass ich dünner viel schöner und beliebter sein werde. Sie ist da, wenn ich mich alleine fühle. Sie ist wie eine neue Freundin.

Sie redet zu mir wie in diesem Lied:

„Hi my name is Ana and
I'm here to save you
Very smart of you to call me
We will work together and
we'll leave no footprints
We'll have wings eventually

I want to embrace you
I will help you to control
I will hurt like hell
I will swallow your sweet soul

It will be nailed to your jaw bone
It is painted on the mirror

Stripped to the bone
To the soul to the I-don't-know
Stripped to the core
To the matter to the flesh and (oh!)
Stripped to the four

In the morning lies and lullabies
Stripped without clothes without dirt
Without baggage without consciousness

And you are weightless
You are weightless

So just be a good girl and
please follow my rules
Don't forget I'm taking over
Transparent is what you'll
be in no time if you're
Taking life in stone cold sober

I want to embrace you
I will make you steal and lie
I will hurt like hell
I will kill you in no time

Stripped to the bone
To the soul to the I-don't-know
Stripped to the core
To the matter and the flesh and (oh!)
Stripped to the four
In the morning lies and lullabies
Stripped without clothes without dirt
Without baggage without consciousness
And you are weightless
You are weightless

Every one's your enemy
You'll find your worst fears in me

Stripped to the bone
To the soul to the I-don't-know
Stripped to the core
To the matters to the flesh and (oh!)
Stripped to the four
In the morning lies and lullabies
Stripped without clothes without dirt
Without baggage without consciousness

And you are weightless
You are weightless"

Ich liege heute länger wach als sonst, aber zum Glück ist Nick noch wach, sodass ich noch ein bisschen mit ihm schreiben kann. Er fragt, warum ich noch nicht schlafe. Ich überlege einen Moment. Soll ich ihm sagen, dass es mir nicht gut geht? Ich kann mit ihm sonst über alles reden, aber ich habe mich noch nicht wirklich getraut, mit ihm über mein schlechtes Gewissen nach dem Essen und meine Gewichtsabnahme zu reden. Was soll er denn bitte denken, wenn ich ihm davon erzähle. Er wird doch denken, dass ich total bescheuert bin. Nick weiß noch nicht einmal etwas von der Sache mit dem Ritzen. Trotzdem habe ich ein unglaublich starkes Bedürfnis, mit jemandem zu reden. Ich muss mich jemandem anvertrauen. Ich schreibe ihm also, dass es mir nicht so gut geht. Natürlich will er sofort wissen, warum, aber ich antworte nur, dass ich ihm morgen alles erzähle. Ich lege mein Handy an die Seite. War es die richtige Entscheidung? Den ganzen nächsten Tag denke ich darüber nach, wie ich es Nick am besten erklären kann. Ich sitze den ganzen Tag an der Nachricht für ihn. Es kostet mich ziemliche Überwindung, die Nachricht abzuschicken, aber am Ende springe ich über meinen Schatten und drücke auf „Senden":

„Also, das zu erzählen fällt mir echt nicht leicht, denn du bist jetzt der Erste, der davon erfährt.

Den ganzen Tag hatte ich das Gefühl, einfach losheulen zu müssen. Aber eigentlich ging es mir gestern Abend schon nicht wirklich gut – wie eigentlich fast jeden Abend. Ich denke über meinen Tag nach, insbesondere darüber, was ich gegessen habe. Ich habe gestern Mittag eine Pizza gegessen. Eigentlich nicht schlimm, doch für mich eine Katastrophe. Immer wenn ich etwas esse, achte ich genau darauf, wie viele Kalorien enthalten sind und ob es somit gesund oder ungesund ist. Wenn ich etwas Ungesundes esse, fühle ich mich einfach nur schlecht und fett. Ich weiß, das klingt jetzt total dumm, aber es ist bei mir nun mal so, und ich kann es auch nicht abstellen. Deswegen hungere ich und lasse Mahlzeiten aus, um mich wieder gut zu fühlen. Ich weiß nicht, wie es weitergehen soll. Jeder Tag beginnt bei mir mit dem Schritt auf die Waage. Ich habe große Angst zuzunehmen, und wenn ich meiner Meinung nach zu viel wiege, höre ich auf zu essen. Alle aus meiner Klasse sagen mir jeden Tag, dass ich zu dünn und magersüchtig bin. Ich rede mir und ihnen ein, dass es nicht stimmt. Ich hasse es, wenn sie mir sagen, dass ich dünn bin. Ich kann doch nichts dafür, aber ich kann meinen Drang abzunehmen nicht abstellen. Außerdem fühle ich mich unwohl, in Anwesenheit von anderen zu essen. Wahrscheinlich bin ich wirklich magersüchtig und habe eine Essstörung, aber ich will es mir nie wirklich eingestehen.

Fast jeden Abend denke ich über das alles nach und fange an zu weinen – über das, was alles schon passiert ist, und darüber, dass ich mich so verändert habe. Ich bin nicht mehr das kleine, lachende, lebensfreudige Mädchen, das ich mal war, sondern nur noch ein trauriges Mädchen, welches bei jeder Kleinigkeit anfängt zu weinen.

Abends denke ich oft darüber nach, ob mich jemand vermissen würde, wenn ich nicht mehr da wäre. Mir geht's einfach nicht mehr gut. Ich stehe morgens auf und setzte ein Lächeln auf, damit keiner merkt, wie es mir in echt geht. Als ich sehr traurig war, fing ich an, mich zu ritzen. Der Schmerz ließ mich meine Sorgen für einen kleinen Moment vergessen, doch sie waren trotzdem noch da. Ich denke oft über mein Leben nach und wie es wäre, wenn ich eines Abends einschlafen und nicht mehr aufwachen würde. Wahrscheinlich leide ich an schwerwiegenden Depressionen oder so was. Da ich keinem von allen diesen Dingen erzählt habe, muss ich mit allem selbst fertig werden, was für mich manchmal einfach zu viel ist. Darum bin ich umso glücklicher, wenn ich mit dir schreibe, weil du mir das Gefühl gibst, etwas wert zu sein. Du weißt gar nicht, wie viel eine Umarmung, ein ‚Hab dich lieb' oder ein Lächeln von dir bedeuten und wie sehr es mich glücklich macht. Bei dir habe ich das Gefühl, dass du mich lieb hast und mich so magst, wie ich bin. Danke. Ich hoffe, du weißt, dass du für mich einfach der wichtigste Mensch in meinem Leben bist. Ich habe dir das alles nicht erzählt, um Mitleid zu bekommen – nein. Ich habe an dieser Nachricht den ganzen Nachmittag gesessen, denn es ist mir nicht ganz leichtgefallen, das alles in Worte zu fassen. Ich hoffe, du kannst das alles verstehen und denkst jetzt nicht sonst was von mir. Ich bitte dich, niemandem hiervon zu erzählen, denn du bist nun der Einzige, der so viel Persönliches über mich weiß, und das soll auch so bleiben."

Ich muss nicht lange auf eine Nachricht warten. Nick ist total erschrocken und fragt sich, warum er nicht gemerkt hat, dass es mir so schlecht geht. Aber er macht mir Mut und verspricht mir, dass er für mich da sein wird und wir das zusammen schaffen werden. Zum ersten Mal seit Langem verspüre ich wieder einen kleinen Hoffnungsschimmer. Aber direkt ist die Stimme in mir wieder da: „Hab ich dir nicht gesagt, du solltest niemandem davon erzählen. Schon wieder hast du mich enttäuscht!"

Es ist Anfang Dezember, und draußen ist schon der Winter ausgebrochen. Ich friere noch mehr als sonst schon. Ich kann mich nicht daran erinnern, wann ich das letzte Mal ohne einen eiskalten Körper aufgewacht bin. Es ist zwar unangenehm, aber trotzdem ist es gut, da die Kälte noch zusätzlich Kalorien verbrennt. Ich steige auf die Waage: 46,1 kg. Ich mache innerlich einen Freudensprung. Ich bin nicht mehr weit von meinem Ziel entfernt. Jetzt heißt es durchhalten. Wenn ich die 45 kg erreicht habe, kann ich endlich mit dem Abnehmen aufhören. Ich hasse die Weihnachtszeit. Überall werden mir Kekse angeboten, weshalb ich mir immer neue Ausreden einfallen lassen muss. Und wenn ich schon an die Weihnachts-feiertage und somit das viele Essen denke, bekomme ich unglaublich große Angst. Wie soll ich es denn nur hinkriegen, dass niemandem etwas auffällt? Das wäre das Schlimmste, was nur passieren könnte. Auch in der Schule fragen meine Mitschülerinnen mich immer häufiger, ob mit mir alles okay ist. Sie tun alle so scheinheilig und denken, dass ich nicht mitbekomme, wie sie hinter meinem Rücken über mich reden und wie sie mich von Kopf bis Fuß mustern. Dabei bin ich doch ganz normal. Die Einzige, mit der ich reden kann, ist Svenja. Ich kann ihr alles erzählen, und sie hört mir einfach nur zu oder nimmt mich einfach in den Arm. Ich weiß, dass auch sie gerne sehen würde, dass ich wieder mehr esse, aber ich habe ihr erklärt, dass es nicht geht. Die Weihnachtsferien rücken immer näher. Zusammen mit Svenja besorge ich die letzten Weihnachtsgeschenke für meine Familie. Mein Wunschgewicht habe ich mittlerweile erreicht. Sogar 100 g weniger. Doch wohl fühle ich mich in meinem Körper immer noch nicht. Mein Körper ist zwar noch ein wenig knochiger geworden, aber das reicht mir noch nicht. Ich habe es bis hierhin geschafft, dann werde ich es doch wohl auch noch schaffen, mehr abzunehmen. Es fühlt sich gut an. Mein nächstes Ziel sind auf jeden Fall erst mal die 44 kg. Die Weihnachtstage sind, wie ich es erwartet habe, schrecklich. Den ganzen Tag gibt es Essen und kaum Zeit, um sich ein bisschen zu bewegen. Ich fühle mich wie ein dicker, fetter Hefekloß, der immer weiter aufgeht. Ich weiß nicht, wie ich das ganze Essen und die vielen Kalorien wieder loswerden soll. Ich fühle mich, als wolle man mich mästen. Zudem hasse ich es, in der Gegenwart anderer zu essen, und wäre das nicht schon schlimm genug, versucht meine Oma, immer noch mehr in mich hineinzustopfen. Ich bin nicht mehr gerne bei meinen Großeltern. Es tut mir leid für sie, aber ich kann es nicht haben, wenn ich ständig gefragt werde, ob ich nicht noch etwas essen will. Ständig sagen sie, dass ich doch mehr essen muss. Sieht denn keiner von ihnen, dass ich schon dick genug bin? Natürlich habe ich nach dieser ganzen Esserei zugenommen. 45,5 kg, die sich jedoch anfühlen wie 100. Sofort ist die Stimme wieder da und beschimpft mich. Ich weiß doch selber, dass es falsch war, so viel zu essen. Ich fühle mich schrecklich. Am liebsten würde ich gar nichts mehr essen, aber morgen ist mein Geburtstag. Meine Mutter hat extra meinen Lieblingskuchen für mich gebacken, und abends gehe ich mit meinen Freundinnen bowlen. Also muss ich mir irgendetwas anderes einfallen lassen, um wenigstens ein bisschen Kalorien verlieren zu können. Es ist bereits 11 Uhr.

Ich liege in meinem Bett und bin hellwach. Ich stehe auf und hole mir meinen neuen Hula-Hoop-Reifen. Ich stelle mich vor den Spiegel und fange langsam an. Der harte Ring schmerzt an meinen hervorstehenden Knochen, besonders an meinen Rippen, aber das hält mich nicht davon ab weiterzumachen. Ich muss es durchziehen, sonst bin ich eine Versagerin. Zwei Stunden lang stehe ich jetzt bereits so in meinem Zimmer. Inzwischen habe ich mir schon ein Kissen unter mein Shirt geschoben, um den Schmerz überhaupt noch auszuhalten. Fast schon mechanisch bewege ich meine Hüften. Nach zweieinhalb Stunden ist mein Programm dann endlich beendet. Mein Körper fühlt sich schwer an. Ich bin erschöpft, aber trotzdem bin ich stolz auf mich. 1250 Kalorien habe ich in dieser Zeit verbrennen können, und deshalb werde ich mir morgen ein winziges Stückchen Kuchen erlauben. Die letzten Tage des Jahres vergehen schnell. Ich helfe meinen Eltern bei den Vorbereitungen für ihre Silvesterparty. Sabine und ich feiern zusammen den Beginn des neuen Jahres. Wir lachen viel gemeinsam und haben unglaublich Spaß zusammen. Natürlich redet sie auch wieder über Nick, aber ich nehme mir für heute vor, alles zu verdrängen. Um 0.00 Uhr gehen wir alle gemeinsam raus und bewundern das bunte Feuerwerk. Ich wünsche mir insgeheim, dass das nächste Jahr besser werden wird als das vergangene. Aber schon ein paar Tage später holt mich die Realität wieder ein, und ich fange wieder an zu hungern. Mit Beginn der Schule ist alles wieder beim Alten. Wenn meine Eltern morgens nicht mit mir gemeinsam aufstehen, krümele ich etwas von meinem trockenen Toast auf meinen Teller, um es so aussehen zu lassen, als hätte ich etwas gegessen. Damit meine Mutter nicht sieht, dass ich ihn wegschmeiße, packe ich ihn in meine Schultasche und schmeiße ihn in der Schule auf der Toilette in den Mülleimer. Heute ist mal wieder einer dieser Tage, die ich am liebsten vergessen würde. Wie immer erzähle ich Nick, was passiert ist: „Hab halt wieder außer eben ein bisschen heute noch nichts gegessen. Ich weiß, dass ich was essen soll, aber ich schaffe es einfach nicht. Ich weiß nicht, ob du es verstehst, aber ich fühle mich einfach gut, wenn ich morgens sehe, dass ich es geschafft habe abzunehmen. Ich fühle mich nicht mehr wohl, wenn ich nicht das niedrigste Gewicht erreiche, das ich erreichen kann, und ich bin glücklich, wenn ich es bis dahin oder sogar darunter schaffe. Außerdem hat Hanna Sabine gestern gefragt, ob es noch normal wäre, dass ich so dünn bin, und heute in der Schule beim Sport hat mir auch jemand gesagt, dass ich nicht mehr normal aussehe und viel zu dünn bin. Ich kann es einfach nicht mehr hören, da ich auch einfach nicht weiß, was ich machen soll.

Ich esse ja sogar abends etwas, aber ich mache es nur, weil ich es muss. Ich fühle mich total schlecht danach, und Spaß am Essen habe ich schon mal überhaupt nicht. Für mich ist Essen eine der schlimmsten und unangenehmsten Sachen, die es gibt. Obwohl ich weiß, dass es mir und meinem Körper schadet, hungere ich – ich verspüre auch keinen Hunger mehr. Ich bin einfach nur noch am Frieren, bin oft müde, mir ist andauernd schwindelig, und für die einfachsten Dinge, wie in der Schule Treppen zu gehen, muss ich ziemliche Kraft aufwenden, und es erschöpft mich total. Ich versuche, mir jedoch so wenig wie möglich anmerken zu lassen, dass es mir so schlecht geht. Auch wenn du mir sagst, dass ich was essen soll, muss ich mich total dazu überwinden. Ich möchte dich damit auch nicht belasten, aber es tut gut, mit jemandem darüber zu reden und zu wissen, dass ich jemanden habe, der mich auch einfach mal in den Arm nimmt, da er weiß, dass es mir nicht gut geht, oder mir einfach neue Hoffnung schenkt und sagt, dass ich es schaffen werde. Es fällt mir schwer, das alles in Worte zu fassen, aber ich glaube, dass ich dir das meiste jetzt erzählt habe." Nach unserem Gespräch muss ich Nick versprechen ,mich weiterhin anzustrengen. Ich merke, dass er sich

Sorgen um mich macht. In letzter Zeit fragt er mich immer öfter aus und will wissen, was ich den Tag über schon gegessen habe. Im Gegensatz zu anderen kann ich ihm die Wahrheit erzählen. Heute ist mal wieder einer der Tage, an denen ich einfach nicht einschlafen kann. Frierend liege ich in meinem Bett. Mein Kopf ist voller Gedanken, die mich daran hindern einzuschlafen. Mal wieder stecke ich tief in meiner negativen Denkweise, und es gelingt mir nicht, mich daraus zu befreien. Ich stehe auf und wandere samt Bettdecke auf mein Sofa. Ich schalte den Fernseher ein, um mich auf irgendwas anderes zu konzentrieren. Aber auch dieser Versuch der Ablenkung funktioniert eher schlecht. Da ich ja sowieso noch nicht schlafen kann entscheide ich mich, noch ein paar Sit-ups zu machen. Gegen 4 Uhr schlafe ich erschöpft auf dem Boden meines Zimmers ein. Am nächsten Morgen wache ich auf und würde im gleichen Moment am liebsten wieder einschlafen. Ich will mich einfach in mein Bett verkriechen und darauf warten, dass der Tag zu Ende geht. Aber das geht leider nicht. Ich quäle mich also durch den Schultag. Seit einiger Zeit ist selbst das Sitzen für mich anstrengend. Ich sitze noch auf meiner Jacke, um den Schmerz, der auftritt, wenn meine spitzen Knochen auf den harten Stuhl drücken, ertragen zu können. Das einzig Gute ist, dass ich mein

Essen wieder unauffällig wegschmeißen kann. Nach der Schule erledige ich meine Hausaufgaben und mache mich schnell auf zum Training. Als ich in die Halle komme, kommt meine Trainerin Karin auf mich zu und möchte mit mir reden. Gemeinsam setzen wir uns in die Kabine. Sie erzählt mir, dass sie sich Sorgen um mich mache und auch Nick schon auf sie zugekommen sei. In meinem Kopf herrscht Chaos. Sofort ist mir klar, dass sie Bescheid weiß. Ich bin also aufgeflogen. Ich kenne meine Trainerin schon, seitdem ich mit drei Jahren zu ihr in die Kindersportgruppe gekommen bin. Wir hatten schon immer ein gutes Verhältnis zueinander. Ich weiß, dass es nun nichts mehr nützt, irgendetwas zu leugnen, und schon sprudeln die Worte unter Tränen aus mir heraus. Karin ist sehr einfühlsam, und anstatt mir zu sagen, dass sich etwas ändern muss, stellt sie mir eine Frage: „Weißt du, was mit deinen Haaren passiert, wenn du weiterhin so wenig isst?" „Sie fallen aus", antworte ich. „Sie fallen nicht nur aus, dir werden auch überall an deinem Körper Haare wachsen. Wie ein Fell, weil dich dein Körper anders nicht mehr wärmen kann", erklärt sie mir. Zusammengesackt sitze ich vor ihr. „Ich kann aber nicht mehr damit aufhören", flüstere ich leise. Sie verspricht mir, eine Lösung für mein Problem zu finden und auch meinen Eltern erst mal nichts von unserem Gespräch zu erzählen. Von Tag zu Tag merke ich, wie meine Kraft immer weiter schwindet. Immer öfter sitze ich zu Hause und starre weinend in die Leere. Wie soll das alles nur weitergehen? Aber die Stimme in meinem Kopf ist zu laut, um mit allem aufzuhören. Ich wiege nur noch 44,5 kg. Es ist Freitagabend. Eingekuschelt in eine dicke Decke, liege ich auf dem Sofa, als mich meine Eltern bitten, zu ihnen zu kommen. Ich hasse es, mit meinen Eltern zu reden. Jedes Mal habe ich Angst, dass sie etwas gemerkt haben könnten. So auch heute. Als ich mich zu ihnen setze, dauert es nicht lange, bis sie mit der Sprache herausrücken. „Wir machen uns Sorgen um dich, Annika, und wir glauben, dass dein Gewicht auch nicht mehr in einem gesunden Bereich liegt. Deswegen haben wir beschlossen, mit dir zum Arzt zu gehen", sagt meine Mutter mit besorgtem Gesicht. Ich merke, wie ich nervös werde. Ich darf mir auf gar keinen Fall etwas anmerken lassen. „Dann geh ich halt mit euch zum Arzt. Mit mir ist alles in Ordnung", erwidere ich gereizt und entziehe mich so der unangenehmen Aktion. Ich kann es meinen Eltern einfach nicht sagen. Ich fühle mich so unglaublich schlecht. Weinend werfe ich mich auf mein Bett. Ich hasse mich so sehr dafür, dass ich meinen Eltern das alles antue. Am nächsten Morgen versuche ich ein Zusammentreffen mit meinen Eltern zu vermeiden, aber leider erwischt meine Mutter mich doch, bevor ich wieder aus der Wohnung verschwinden kann. Eindringlich schaut sie mich an. „Dir geht es nicht gut, oder?", möchte sie wissen. Ich kann sie so unglaublich schlecht anlügen, wenn ich ihr in die Augen gucken muss. Obwohl ich innerlich mit mir kämpfe, merke ich, wie ich immer schwächer werde. „Nein", antworte ich kaum hörbar. Schon wieder sammeln sich Tränen in meinen Augen. Meine Mutter nimmt mich in den Arm. Auch sie weint jetzt. „Es tut mir leid, Mama", sage ich traurig. „Ich bin stolz auf dich, Annika, dass du endlich mit uns redest."

Am Montag sitze ich gemeinsam mit meiner Mutter im Wartezimmer meines Kinderarztes. Ich habe das Gefühl, als würden mich alle anderen anstarren. Ich bin mir doch nicht mehr so sicher, ob ich das hier alles wirklich will. Als ich aufgerufen werde, geht erst meine Mutter in das Behandlungszimmer, um gegenüber meinem Arzt den Verdacht auf eine Essstörung zu äußern. Die beiden kennen sich schon lange, und meine Mutter hofft, dass er uns helfen kann. Als ich endlich an der Reihe bin, führt mich die Arzthelferin in ein Zimmer und bittet mich, auf die Waage zu steigen. 51,5 kg erscheint auf dem Display. Für mich ein Weltuntergang. Das kann definitiv nicht stimmen. Heute Morgen waren es noch 45,2 kg. Sie misst meinen Blutdruck und sagt mir, dass ich mich noch einen kleinen Moment gedulden solle. Als mein Arzt ins Zimmer kommt, setzt er sich vor mich. „Dein Gewicht ist noch so gerade in Ordnung, aber weniger darf es auf gar keinen Fall werden. Möchtest du denn noch weiter abnehmen?" Ich nicke. Er holt meine Mutter mit ins Zimmer und spricht mit ihr ab, dass ich ab jetzt alle zwei Wochen zum Wiegen vorbeikommen soll, um alles im Blick zu haben. Nach diesem Gespräch fühle ich mich noch schlechter als vorher schon. Was soll ich überhaupt dort, wenn ich für ihn doch sowieso nicht krank und dünn genug bin. Wenn mein Gewicht okay ist, dann bin ich wohl doch nicht krank. Ich beschließe, ab nun wieder abzunehmen. Ich bin nicht krank genug. Auf dem Weg zur Schule herrscht Schweigen zwischen mir und meiner Mutter. Als ich die Klasse betrete und die Entschuldigung bei meiner Lehrerin abgebe, merke ich, wie ich schon wieder von allen angestarrt werde. Schnell gehe ich auf meinen Platz und packe meine Sachen aus. Ich fühle mich unwohl. Zum Glück geht der Schultag schnell vorbei. Heute kommt Nick vorbei, und wir lernen zusammen Mathe. Das lenkt mich ein wenig ab. Auch wenn ich Mathe über alles hasse, mit Nick macht es Spaß. Er ist ziemlich geduldig mit mir und erklärt es auch drei- oder viermal, wenn ich es immer noch nicht verstanden habe. Es tut mir gut, mich mal zwei Stunden nicht auf die ständigen Gedanken ums Essen konzentrieren zu müssen. Am nächsten Abend habe ich wieder Training. Aber es dauert nicht lange, bis mein Körper versagt. Zusammen mit Nick gehe ich raus, weil mir mal wieder schwindelig ist. Nick schaut mich besorgt an: „So kann das nicht weitergehen, Annika." „Ich weiß", erwidere ich kleinlaut. „Du wirst immer weniger. Stell dir vor, du wärst eine Torte, die in viele Teile geschnitten ist. Und jedes Mal, wenn du nichts isst, verschwinden einige dieser Stücke. Aber wenn das immer so weitergeht, ist die Torte irgendwann weg. Und wenn die Torte verschwunden ist, kann sie niemanden mehr glücklich machen." Auch wenn er mal wieder einen bescheuerten Vergleich gefunden hatte, indem er mich mit einer kalorienreichen Torte verglich, hatte er recht in dem, was er da sagte. Nick nimmt mich in den Arm. Es geht mir direkt ein bisschen besser, und ich beschließe, den Müsliriegel zu essen, den meine Mutter mir in die Sporttasche gesteckt hat.

Die nächsten Wochen vergehen schnell, und mein einwöchiger Austausch nach Frankreich rückt immer näher. Meine Eltern haben sich dazu entschieden, das Wiegen beim Arzt einzustellen. Es bringt uns auch nicht weiter, und mir geht es durch die unterschiedlichen Gewichtszahlen immer nur noch schlechter.

Nach dem Blutabnehmen beim letzten Mal bin ich auch noch vor der Praxistür zusammengeklappt und musste aus der Schule bleiben. Ab jetzt übernimmt meine Mutter das Wiegen. Für mich ist es schrecklich. Sie nimmt mir meine ganze Kontrolle. Die Kontrolle, die bisher nur ich hatte. Ich hasse es und schäme mich, wenn sie mein Gewicht sieht. Das Verhältnis zwischen meinen Eltern und mir ist angespannt. Ich fühle mich einem unglaublichen Druck zu Hause ausgesetzt. Tagsüber versteckt meine Mutter die Waage. Aber wenn sie nicht da ist, renne ich sofort nach unten und mache mich auf die Suche. Mit Erfolg. Von nun an wiege ich mich also heimlich, wenn meine Eltern nicht da sind. Außerdem haben meine Eltern morgen mit mir einen Termin in der Ambulanz der LWL-Tagesklinik. Trotz der Angst davor, was dort morgen passieren wird, bin ich froh, da mit jemandem über alles sprechen zu können.

Meine Eltern und ich machen uns früh auf den Weg, um pünktlich zum vereinbarten Zeitpunkt dort zu sein. Als ich das Gebäude betrete, merke ich, wie ich langsam nervös werde. Werde ich überhaupt verstanden werden? Wird die Person, mit der ich sprechen soll, nett sein? Tausende Fragen schwirren mir durch den Kopf, während ich darauf warte, dass mich jemand abholt. Nach zehn Minuten kommt eine Frau auf uns zu. Sie lächelt mich an und stellt sich vor. Ihr Name ist Frau Dr. Sommer. Zuerst bittet sie mich, mit ihr mitzukommen. Ich bin froh, dass ich alleine mit ihr reden kann und meine Eltern erst mal nicht dabei sind. Sie fragt mich alle möglichen Sachen: wo ich zur Schule gehe; was meine Hobbys sind; wer meine Freunde sind. Dann fragt sie mich nach meinem Wunschgewicht. „45 kg", sage ich. Natürlich will sie wissen, wie viel ich momentan gerade wiege: 45,7 kg. Sie sagt, dass dieses Gewicht für meine Größe deutlich zu wenig sei, und möchte wissen, ob ich noch mehr abnehmen will. Ich beantworte diese Frage mit Ja und erzähle, dass ich mich jetzt noch immer zu dick finde. Sie möchte wissen wie mein Abnahmeprozess verlief und seit wann ich dieses Problem schon habe. Ich erzähle ihr alles. Es tut gut, jemandem zu erzählen, wie es mir in der letzten Zeit geht. Sie hört mir ganz ruhig zu und macht sich zwischendurch einige Notizen. Ich erzähle ihr von meinen Kreislaufbeschwerden, dem dauerhaften Frieren und davon, dass meine Periode seit drei Monaten ausgeblieben ist. Nachdem ich ihr alle Fragen beantwortet hab, kommen meine Eltern zum Gespräch dazu. Auch ihnen stellt sie einige Fragen und bestätigt meinen Eltern die Diagnose der Magersucht. Meine Mutter fragt, ob es zu riskant sei mich nach Frankreich zu schicken. Zusammen mit Frau

Sommer vereinbaren wir, dass ich daran teilnehmen darf, wenn bei meinem EKG und Herzultraschall keine Auffälligkeiten auftreten. Als wir uns verabschieden, bin ich sehr erleichtert. Ich bin glücklich, dass das Gespräch so gut verlaufen ist und auch meine Eltern nun über alles Bescheid wissen. Ich entscheide mich zusammen mit meinen Eltern dafür, auch gegenüber meiner Klasse nun mit offenen Karten zu spielen. Nach einem kurzen Gespräch mit meiner Klassenlehrerin betrete ich die Klasse. Nachdem sie angekündigt hat, dass ich etwas zu sagen habe, gehe ich nach vorne. Ich lehne mich an das Pult. Doch schon Sekunden nachdem das erste Wort über meine Lippen gekommen ist, breche ich in Tränen aus. Ich beruhige mich kurz und setze noch mal erneut an: „Ich denke ihr fragt euch bestimmt alle, wo ich gerade so lange war. Ich hatte heute einen Termin in der Ambulanz der Tagesklinik. Und ich finde, dass ihr als meine Klassenkameradinnen das Recht habt, zu wissen, was mit mir los ist. Obwohl ihr mich schon seit Monaten auf meine Probleme ansprecht, habe ich mich nicht getraut, mit euch zu reden. Aber der Termin heute hat es mir noch einmal vor Augen geführt: Ich bin magersüchtig. Ihr könnt mich gerne alles fragen, was ihr wollt, und ab jetzt werde ich versuchen euch, gegenüber ehrlich zu sein." Ich schaue in die Gesichter der anderen. Die meisten von ihnen haben Tränen in den Augen, andere weinen. Ich schaue zu meinen Freundinnen hinüber, von denen ich mich in den letzten Monaten stark abgegrenzt habe. Auch sie weinen. Es klingelt zur Pause. Langsam gehe ich wieder zurück auf meinen Platz und trockne meine Tränen mit einem Taschenbuch. Viele kommen auf mich zu und nehmen mich in den Arm. Auch meine Freundinnen. Sie entschuldigen sich dafür, dass sie nicht schon früher für mich da waren. Sie sagen, dass sie Angst hatten, mich in irgendeiner Weise zu verletzen. Sie haben gemerkt, dass etwas mit mir nicht stimmt. Sie wollten keinen Fehler machen. Ich versuche, sie zu beruhigen. Ich sage ihnen, dass sie keine Schuld daran tragen. Obwohl heute die letzte Mathestunde vor der Arbeit ist, erlaubt uns unsere normal eigentlich sehr strenge Mathelehrerin, an die frische Luft zu gehen. Ich weiß, dass alle, die sich in diesem Moment entscheiden, Zeit für mich zu haben, in Zukunft hinter mir stehen werden. Wir reden viel miteinander, und ich versuche, ihnen, so gut es geht, alles zu erklären, und bedanke mich bei ihnen dafür, dass alle bei mir sind und mir zur Seite stehen. Zu Hause angekommen, berichte ich sofort Nick von meinem großen Schritt. Er ist unglaublich stolz auf mich und bewundert mich, dass ich endlich all meinen Mut zusammengenommen habe und ab jetzt offen mit meiner Krankheit umgehen will.

Der Schüleraustausch nach Frankreich tut mir gut, und ich kann ein bisschen Abstand von zu Hause und all meinen Problemen gewinnen. Sogar das Essen klappt in meiner Gastfamilie besser als zu Hause. Aber trotzdem fühle ich mich in mir selbst nicht wohl. Zu Hause angekommen, ist alles wie immer. Ich kann einfach nicht aufhören mit dem Hungern. Die Notfalltermine in der Ambulanz helfen mir zwar kurzweilig, aber ich sehe darin keine langfristigen Erfolge. Meine Gedanken kreisen weiterhin Tag für Tag um Kalorien, Essen und Abnehmen. Als ich aus Frankreich wiederkam, wog ich kurze Zeit sogar wieder 49 kg. Aber lange konnte ich das Gewicht nicht halten und habe somit eigentlich direkt wieder abgenommen. Jetzt wiege ich wieder knapp 46 kg. Frau Sommer ist der Meinung, dass eine stationäre Behandlung wahrscheinlich sinnvoller für mich sei. Ich finde diese Idee sehr gut, aber besonders meine Mutter ist dagegen. Ich glaube, dass sie versucht, sich einzureden, dass wir es auch alleine zu Hause schaffen könnten. Auch wenn meine Eltern es vielleicht nicht merken, ich weiß, dass sie sich mit die Schuld an meiner Essstörung geben. Ich glaube, dass meine Mutter denkt, dass sie als Mutter versagt hat, wenn sie mich in die Hände anderer Leute gibt und selbst machtlos ist. Aber ich weiß, dass ich es zu Hause nicht schaffen werde. Zum heutigen Gespräch habe ich die Aufgabe bekommen ‚einen Brief an meine Essstörung zu schreiben. Ich lese ihn ihr vor:

„Hallo, Ana,
Freundin oder Feindin? – wirklich genau sagen kWnn ich es nicht. Mit Dir fühle ich mich irgendwie stark, weil ich alleine die Kontrolle über mich und meinen Körper besitze. Ich fühle mich in meinem Körper wohler, wenn Du bei mir bist. Du stärkst mein Selbstbewusstsein, da Du mir etwa gibst, was ich gut kann. Besonders wenn ich Stress habe, bist Du etwas, an dem ich mich festhalten kann. Doch ich kenne nicht nur diese Seite von Dir – im Gegenteil – wirklich leichter machst Du mein Leben auch nicht. Zu Sachen, die mir früher ein Menge Spaß gemacht und Freude bereitet haben, kann ich mich nur noch schwer aufraffen. Ich habe nur noch selten Lust auf etwas, da ich eigentlich nur noch müde und erschöpft bin. Das Schlafen fällt mir ebenfalls sehr schwer, denn ich liege oft wach und denke über vieles nach. Doch auch körperliche Anstrengungen machen mir zu schaffen. Das merke ich besonders bei meinem Sport. Ich kann

nicht mehr so viel mitmachen wie früher, da mir dann oft sehr schwindelig wird. Natürlich ist aber auch eine der wichtigsten Sachen das Essen. Nicht nur, dass ich keinen Hunger mehr habe, es fällt mir auch schwer, überhaupt etwas zu essen. Wenn ich etwas esse, fühle ich mich danach direkt schlecht und denke die ganze Zeit darüber nach, was ich machen könnte, um es wieder loszuwerden. Zurzeit ist einfach alles sehr schwer für mich, und manchmal habe ich Angst oder zweifle, ob ich es schaffen kann, Dich gehen zu lassen. Denn ich will wieder gesund werden, doch das ist schwer mit Deinen zwei Seiten zu vereinbaren.

Ich hoffe, dass ich mich bald ganz von Dir abwenden kann und endlich wieder ein fröhliches und glückliches Leben führen kann.

Deine Annika"

Frau Sommer ist begeistert von meinem Brief und lobt mich für meine Offenheit. Sie erzählt mir, dass sie für morgen einen Termin für ein Erstgespräch in einer Klink im Sauerland vereinbart hat.

Am nächsten Tag mache ich mich also mit meinen Eltern auf den Weg ins Sauerland. Das Gebäude, an dem wir ankommen, wirkt nicht besonders einladend. Der ganze Komplex ist eingezäunt. Als wir hineingehen, fühle ich mich sofort so, als wäre ich eingesperrt. Auch das Innere des Hauses macht auf mich keinen besonderen Eindruck. Der typische Krankenhausduft liegt in der Luft, und alles wirkt steril. Wir gehen auf die Jugendstation. Ein Mann mit langen Haaren und Birkenstocksandalen kommt auf mich zu. So stellt man sich einen Therapeuten vor. Er nimmt mich mit in sein Büro und möchte wissen, warum ich heute hier bin. Ich sage, dass ich Magersucht habe. Er guckt mich an und sagt eine Zeit nichts. Ich bin etwas irritiert. „Ich wollte eigentlich erst mal etwas über deine Symptome erfahren, bevor du mir direkt die Diagnose nennst", sagt er in einer für ihn lustigen Art und Weise. Ich allerdings finde diese Anmerkung keinesfalls lustig und bin direkt verunsichert. Ich merke jetzt schon, dass ich mich hier überhaupt nicht wohlfühle. Auch der erste Eindruck meiner Eltern ist eher verhalten. Sie können sich noch nicht wirklich vorstellen, mich hier unterzubringen. Auf der Rückfahrt erzählt mein Vater, dass er sich im Internet bereits über weitere Kliniken informiert hat. Eine Alternative zur Psychiatrie bietet eine Reha-Klinik in Bad Oeynhausen. Die einzige Fachklinik in Deutschland, die sich ganz auf die Behandlung von psychosomatischen Essstörungen spezialisiert hat. Natürlich war ich von dem Vorschlag mehr begeistert als von einer Klapse. Auch hier bekamen wir Ende Mai einen Termin für ein Vorgespräch. Die Klinik überzeugte mich sofort. Sie war nicht allzu groß und machte, soweit das eine Klinik für Essstörungen konnte, einen einladenden Eindruck. Auch die Jugendstation, auf die ich nach der Aufnahme kommen würde, war gemütlich eingerichtet, und ich konnte mir vorstellen, einige Wochen hier zu verbringen. Auch meine Eltern waren begeistert. Die Wartezeit betrug jedoch mindestens zwei Monate. Zu Hause angekommen, stellten wir sofort einen Antrag auf Kostenübernahme bei meiner Krankenkasse. Endlich. Ein kleiner Hoffnungsschimmer seit den letzten Monaten. Morgen würde ich außerdem auf Chorfahrt fahren. Eine jährliche intensive Probephase unseres Schulchors. Musik, und besonders das Singen, war neben dem Rope-Skipping definitiv eine weitere Leidenschaft von mir. In Musik konnte ich so viel verarbeiten und allen meinen Gefühlen freien Lauf lassen. Aber genau jetzt, wo es mir gerade eine wenig besser ging und ich beschlossen hatte, gegen meine Magersucht anzukämpfen, tauchte die Stimme in meinem Kopf wieder auf. Und anstatt die drei Tage weg von zu Hause zu genießen, wurden diese Tage zur reinsten Katastrophe. Ich stecke wieder so richtig tief in meiner Essstörung drin und habe nicht die Kraft, mich ihr zu widersetzen. Die gesamte Zeit dort nehme ich nichts zu mir außer einem halben trockenen Brot und literweise Kaffee. Ich kann nicht anders als hungern. Ich fühle mich so schrecklich in meinem fetten, hässlichen Körper. Und das Einzige, was mir hilft, ist die Kontrolle. Mein Körper ist am Ende. Ich merke, dass er nicht mehr kann. Am letzten Tag muss ich mich übergeben. Durch das Hungern und den vielen Kaffee ist mein Magen komplett übersäuert. Meinen Eltern erzähle ich natürlich nichts von den Ereignissen, als ich wieder zu Hause bin. Natürlich ist das Erste, was ich mache ,als ich nach Hause komme, der Schritt auf die Waage. 43,2 kg. Ich bin unfassbar stolz auf mich, dass ich es geschafft habe, mein niedrigstes Gewicht noch einmal zu unterschreiten. Selbst die Stimme in meinem Kopf schenkt mir ein Lob. Gleichzeitig stachelt sie mich jedoch dazu an, jetzt bloß nicht aufzuhören. Den Rest des Tages schlafe ich. Am nächsten Tag in der Dusche passiert jedoch das, was früher oder später hatte passieren müssen. Als ich unter der Dusche stehe, wird mir schwarz vor Augen. Ich kann kaum noch etwas erkennen. Ich taumele aus der Dusche und halte mich am Waschbecken fest. Ich schreie um Hilfe. Ich höre jemanden an der Tür. Gedämpft höre ich die Stimme meiner Mutter: „Mach die Tür auf." Mit letzter Kraft öffne ich die Tür, bevor ich kraftlos über dem Badewannenrand zusammensacke. In diesem Moment habe ich zum ersten Mal Angst. Ich mag gar nicht daran denken, was hätte passieren können, wäre meine Mutter nicht schnell genug bei mir gewesen. Mein Papa trägt mich ins Bett. So langsam erholt sich mein Kreislauf wieder. Heute bleibe ich zu Hause und darf nicht mehr in die Schule. Ich fühle mich unglaublich schwach. Die nächsten Tage über lassen meine Eltern mich bei den Mahlzeiten nicht aus den Augen. Es fällt mir trotz des Vorfalls unglaublich schwer zu essen. Trotzdem darf ich heute wieder zum Training. Meine Mutter ist den Tag über am Arbeiten. Ich bin also selbst dafür verantwortlich, etwas zu essen. Natürlich schaffe ich es nicht. Ich packe die Milchschnitzel in Küchenpapier und verstecke sie in meiner Badezimmerschublade. Aber auch diese Tat lässt mein Körper nicht unbestraft. Beim Training merke ich, wie es mir wieder schlechter geht. Ich gehe gemeinsam mit Sabine nach draußen. Plötzlich fangen meine Finger an, sich zu verkrampfen. Meine Hände sehen aus wie zwei Pfötchen. Auch Sabine ist gänzlich überfordert. Was passiert da mit meinem Körper? Vor Verzweiflung fange ich an zu weinen. Da ist Nick schon da. Ich habe Angst. Schon das zweite Mal. „Ich kann meine Finger nicht bewegen", wimmere ich. Nick setzt sich neben mich und nimmt meine Hände in seine Hand. Es dauert einige Minuten, bis sich meine Finger aus dieser Starre lösen. Den Rest des Trainings bleibe ich auf der Bank sitzen. Auch wenn ich Angst vor ihrer Reaktion habe, erzähle ich meiner Mama von dem Vorfall. Sie erklärt mir, dass das, was passiert ist, ein Anzeichen von Hypokalzämie, auch bekannt als Kalziummangel, ist. Unsere Krankenkasse hat sich zudem dazu entschlossen, meinen Antrag für die Rehabilitation abzulehnen. Mein Papa beschließt kurzerhand, die Krankenkasse zu wechseln. „Ich kann nicht verstehen, wie man so einen Antrag ablehnen kann", schimpft er laut. Bei der anderen Krankenkasse haben wir jedoch mehr Glück, und die Kostenübernahme wird bewilligt.

Bald sind Sommerferien. Gemeinsam mit meinen Eltern werde ich zwei Wochen auf der griechischen Insel Kos verbringen. Am letzten Schultag stelle ich mich erneut vor die Klasse und berichte, dass ich wahrscheinlich am Anfang des nächsten Schuljahres noch nicht wieder da sein werde, da ich mich für einen stationären Aufenthalt entschieden habe. Die anderen sind stolz auf mich, dass ich den Kampf gegen meine Krankheit aufnehme. Meine Freundinnen versprechen, mich definitiv zu besuchen.

Der Urlaub verläuft gut. Längere Wanderungen erschöpfen mich zwar, aber die andere Umgebung bringt mich wenigstens ein bisschen auf andere Gedanken. Obwohl es niemand erwartet hatte, klappt selbst das Essen gut. Das Einzige, was mir schwer zu schaffen macht, ist, dass Nick bald für ein ganzes Jahr mit zwei seiner Freunde in Neuseeland sein wird. Ich kann und will mir nicht vorstellen, wie es ohne ihn sein wird. Bevor ich in den Urlaub geflogen bin, habe ich ihm einen achtseitigen Brief geschrieben. Darin bedanke ich mich nicht nur dafür, dass er immer für mich da war, sondern ich erzähle ihm auch, dass ich von der ganzen Sache mit Sabine und ihm Bescheid wusste. Ich musstest es ihm auf diesem Weg einfach sagen. Und zwar auch, dass es mich unglaublich verletzt hatte. Ich wusste nicht, ob er es verstehen würde, aber ich gab mein Bestes, um mich ihm zu erklären. Nach dem Urlaub kehrte wieder der Alltag ein. Innerhalb von zwei Tagen sank mein Gewicht von 52,6 kg wieder auf 47,8 kg. Heute war der Tag, an dem ich Nick das letzte Mal sehen würde, denn die Klinik hatte sich gemeldet. Am Dienstag würden sie mich aufnehmen. Gemeinsam gehen wir spazieren. Wir machen Erinnerungsfotos. Wir albern gemeinsam rum, aber reden auch über ernstere Dinge. Ich erzähle Nick, dass ich Dienstag aufgenommen werde. Wie immer spricht er mir gut zu und gibt mir Kraft. Zusammen gehen wir noch auf unser Stadtfest. Der Tag geht allmählich zu Ende, und ich weiß, dass es so langsam Zeit wird, sich zu verabschieden. „Ich werde dich vermissen, Brüderchen", sage ich zu ihm. Er nimmt mich in den Arm. „Bleib stark, Annika. Lass dich nicht unterkriegen. Ich bin zwar am anderen Ende der Welt, aber trotzdem immer für dich da, wenn du mich brauchst." Ich gebe ihm den Brief. „Erst im Flugzeug öffnen", erkläre ich ihm. Schweren Herzens steige ich aus dem Auto aus und umarme ihn ein letztes Mal. Er wird mir fehlen.

In zwei Tagen ist es so weit. Mit Mama mache ich die letzten Besorgungen und packe meinen Koffer. Ich hoffe, dass ich alles dabeihabe. Es ist komisch, zu wissen, dass ich bald für längere Zeit nicht zu Hause sein werde. Am letzten Abend verabschiede ich mich noch von meinen Großeltern. Für sie ist es auch nicht einfach, mit der ganzen Situation umzugehen. Mein Koffer steht bereits in der Ecke. Alles ist vorbereitet für die Aufnahme in der Klinik am Korso.

Kämpfen

Es ist Dienstag, der 4. August 2015, und mein Aufnahmetag in der Klinik am Korso in Bad Oeynhausen. Wir fahren schon früh los, um auch bloß pünktlich da zu sein. Ich bin unheimlich aufgeregt, was mich dort erwarten wird. Werden die anderen wohl nett zu mir sein? Als wir ankommen, melden wir uns am Empfang an. Wir setzen uns noch kurz in den Aufenthaltsraum, aus dem mich gleich eine der Betreuerinnen der Jugendstation abholen wird. Viel unterhalten tun wir uns nicht. Jeder ist in Gedanken. Ich werde von einer Frau im mittleren Alter wieder zurück in die Realität geholt. „Bist du Annika?", fragt sie. „Ja", antworte ich knapp. „Sehr schön. Dann hallo erst mal." Nun gibt sie auch meinen Eltern die Hand. „Ich bin Adina, eine der Betreuerinnen der Jugendstation. Kommen Sie einfach einmal alle mit, dann kann ich Ihnen das Zimmer zeigen." Mit meinem Gepäck im Schlepptau machen wir uns auf den Weg zum Aufzug. Auf der Station angekommen, führt uns Adina zu meinem Zimmer. Sie klopft. Ich bin gespannt. Ich betrete das Zimmer. Auf dem anderen Bett sitzt bereits ein Mädchen. Sie sieht sehr nett aus. Ihr Name ist Carlotta. Adina informiert meine Eltern und mich über den weiteren Ablauf. In ein paar Minuten wird mich meine zukünftige Therapeutin abholen. Schon klopft es an der Tür. Eine Frau mit langen grauen Locken steht vor mir und lächelt mich an. „Ich bin Frau Meier und für die Zeit hier in der Klink deine Therapeutin." Sie macht einen sehr netten Eindruck. Nach einem kurzen Aufnahmegespräch muss ich auch schon weiter zur ärztlichen Untersuchung. Meine für mich zuständige Ärztin heißt Frau Seidel. Auch sie erscheint mir auf Anhieb ganz nett. Nach einer gründlichen Untersuchung und einem kurzen Gespräch gemeinsam mit meinen Eltern ist alles erledigt. Mein Aufnahmegewicht beträgt 49,1 kg, und somit habe ich einen BMI von 16,96 kg/m². Jetzt ist der Zeitpunkt gekommen, an dem ich mich auch von meinen Eltern verabschieden muss. Meine Mama verdrückt ein paar Tränen, als sie mich in den Arm nimmt. Erst in zwei Wochen dürfen sie mich erstmals wieder besuchen. Absolute Kontaktsperre ist eine ganze Woche. Ich gebe also mein Handy ab, bevor ich mich mit Adina auf den Weg zum Mittagessen mache. Vor dem Speisesaal stehen schon die anderen aus meiner

Gruppe. Ein kleiner, dünner Junge kommt auf mich zu: „Hey, ich bin Tobias, dein Pate. Ich nehme dich die ersten Tage mit zu den Therapien und mache noch später die Hausführung mit dir." Ich lächele ihn freundlich an. Dann geht es zum Essen in den Speisesaal. Ich habe Angst. Wir haben insgesamt nur eine halbe Stunde Zeit. Für das ganze Mittagessen mit Salat und Nachtisch. Es gibt gefüllte Paprika. Ich strenge mich an. Carlotta, meine Zimmernachbarin, hat mir eben schon kurz erzählt, dass es am Tisch nicht so gut ankommt, wenn man als Neue nichts isst. Also esse ich meine ganze Paprika. Ich möchte nicht direkt einen schlechten Eindruck machen. Nur den Salat und den Nachtisch schaffe ich nicht. Eine halbe Stunde ist verdammt kurz. Nach dem Essen gehe ich mit den anderen, die noch nicht so lange hier sind, zur Nachbetreuung. Magersüchtige müssen zwei Wochen lang zur Nachbetreuung, Patienten mit Bulimie vier Wochen. Wir werden von einem der Betreuer betreut, damit wir nach dem Essen nicht sofort versuchen, das Essen auf irgendeine Weise wieder loszuwerden. Ich unterhalte mich ein kleines bisschen mit den anderen aus meiner Gruppe, bis die Nachbetreuung vorbei ist. Um 14.45 Uhr ist schon wieder Zwischenmahlzeit. Es gibt Tee und einen Schokoriegel. Ich esse meinen Schokoriegel ganz langsam und vorsichtig. Für die Zwischenmahlzeit haben wir immer 15 Minuten Zeit. Anschließend gehe ich mit allen gemeinsam zur Körpertherapie. Die Körpertherapeutin ist sehr nett. Die Runde beginnt damit, dass wir uns gegenseitig einen Ball zurollen und sagen, wie es uns geht und was uns beschäftigt. „Mir geht es ganz okay, und ich beschäftige mich mit meiner Ankunft hier", antworte ich. Wir machen eine Traumreise. Ich kann mich nur schwer entspannen, da ich mit meinen Gedanken völlig woanders bin. Die Therapie endet in einem Sitzkreis, in dem wir noch eine Abschlussrunde machen. Bis jetzt hat mir alles so weit gefallen. Vor dem Abendessen mache ich mit einem der Betreuer und den anderen, die noch nicht alleine rausgehen dürfen, einen Therapiespaziergang. Je nach BMI hat man einen oder zwei Therapiespaziergänge am Tag. Es gibt sogar Mädchen auf meiner Station, die überhaupt nicht rausdürfen. Nach zwei Wochen darf man in Begleitung raus. Jedoch nur mit angemessenem BMI. Alles richtet sich hier nach dem BMI, sogar die Zeit, die man nach draußen darf. Während des Therapiespaziergangs unterhalte ich mich ein bisschen mit Carlotta. Sie ist jetzt schon fast zwei Wochen hier. Sie hat Bulimie. Sie findet es richtig gut, dass ich beim Mittagessen direkt versucht habe, alles aufzuessen. „Wenn du nicht vernünftig isst, muss du in die Essbetreuung. Und da will keiner hin. Die ganze

Zeit sitzt jemand neben dir und beobachtet, dass du alles isst. Ich habe sogar gehört, dass man dort die Butter löffeln muss, wenn man sie nicht komplett auf-isst", erklärt sie mir. Eins ist mir schon jetzt klar: Ich will unter gar keinen Umständen in die Essbetreuung. Zum Abendessen gibt es zwei Scheiben Brot, ein Knä-cke, für jeden etwas Gemüse und eine eigene Auf-strich- und Käse-Platte. Es ist festgelegt, wie viel jeder davon essen muss. Für alle gilt das Gleiche, egal ob magersüchtig, bulimisch oder übergewichtig. Wie nach jeder Mahlzeit geht es für mich wieder in die Nachbetreuung. Bis zur letzten Zwischenmahlzeit um 19.45 Uhr haben wir erst mal Zeit für uns. Ich räume meine restlichen Sachen ein und ruhe mich aus. Die-ses ganze Essen stresst mich. Die letzte Mahlzeit heute ist zum Glück Obst. Nach der letzten Zwischenmahlzeit haben die Personen, die eine Sporterlaubnis oder auch eine Sportverpflichtung haben, Yoga. Ich entscheide mich, früh schlafen zu gehen. Ich muss morgen früh schließlich wie die nächsten sechs Tage zum Wiegen und Blutdruckmessen. Morgen sogar noch ins Labor zum EKG. Ziemlich stressig alles. Erschöpft von den ganzen Neuheiten, schlafe ich sogar für die erste Nacht erstaunlich gut. Um 6 Uhr reißt mein Wecker mich aus meinen Träumen. Ich gehe ins Bad und ma-che mich fertig. Gegen Viertel vor 7 mache ich mich im Bademantel auf den Weg zum Wiegen. Ich habe Angst. Ich hoffe, dass ich nicht zugenommen habe. Ich weiß nicht, wie ich das acht Wochen lang aushalten soll. Mir kommt es so vor, als würde mein kompletter Tag nur aus Essen bestehen. Ich stelle mich auf die Waage. „Wollen Sie Ihr Gewicht wissen?", fragt mich die Schwester. Ich sage: „Ja." „48,9 kg" bekomme ich als Antwort. Habe ich das gerade richtig gehört? Ich habe abgenommen? Ich kann es nicht glauben. Allein bei dem, was ich gestern schon alles gegessen habe, hätte ich damit überhaupt nicht gerechnet. Auch wenn ich weiß, dass es eigentlich nicht gut ist, weiter abzunehmen freue ich mich darüber. Nach dem Wiegen gehe ich zum Blutabnehmen. Als ich wieder von der Liege aufstehen möchte, merke ich, wie mir schwindelig wird. Die Schwester hält mich fest und hilft mir, mich wieder hinzusetzen. Als ich ins Zimmer komme, ist auch Carlotta schon wach. „Und wie war das Wiegen?", fragt sie mich. „Ganz okay", antworte ich nur knapp. Ich möchte nicht mit ihr über mein Gewicht reden. Gemeinsam mit ihr mache ich mich auf den Weg zum Frühstück. Zum Frühstück bekommt jeder normalerweise zwei Brötchen und verschiedenen Belag. Da heute jedoch der erste Mittwoch im Monat ist, gibt es Buffet. Ich bin total überfordert, aber die anderen erklären mir, was ich alles essen muss.

Die Zeit zum Essen ist für mich viel zu knapp, und ich schaffe gerade mal ein Brötchen. Zusätzlich dazu muss jeder noch einen Quark essen. Auch den schaffe ich heute nicht. Nach dem Frühstück muss ich noch zum EKG. Wieder in meinem Zimmer, rede ich ein bisschen mit Carlotta. Sie ist echt nett. Schon um Viertel vor 10 gibt es wieder was zu essen. Die erste Zwischenmahlzeit am Tag ist die Milchmahlzeit. Es gibt also eigentlich immer Joghurt. Um 11 Uhr haben wir dann Gruppentherapie. Diese wird von Frau Meier, meiner Therapeutin, und noch einer anderen Therapeutin geleitet. Das Anfangsritual ist in jeder Therapie gleich. Der Reihe nach sagt jeder, wie es ihm geht, was ihn beschäftigt und ob er heute ein Thema für die Gruppe hat. In der Gruppentherapie kann man alles ansprechen, worüber man sich mit den anderen austauschen möchte oder wozu man eine Rückmeldung erhalten möchte. Ich halte mich eher zurück und beobachte erst mal alles aus der Entfernung. Nach der Gruppenstunde ist auch schon wieder Mittagessen. Alles verläuft so wie gestern. Ich strenge mich an, alles aufzuessen, obwohl die Stimme in meinem Kopf mir etwas anderes befiehlt. Ich fühle mich nach dem Essen unglaublich schlecht. Nachdem ich hier wieder raus bin, werde ich unglaublich fett und hässlich sein. All die Erfolge der letzten Monate werden wie weggeblasen sein. Alles, wofür ich die letzte Zeit gelebt habe, wird zerstört werden. Ich will noch gar nicht daran denken. Am Nachmittag haben wir wieder Körpertherapie. Heute machen wir eine Übung zur Körperwahrnehmung. Ich versuche, mich, so gut es geht, darauf einzulassen. Außer für die Zeit des Therapiespaziergangs verbringe ich den restlichen Tag auf meinem Zimmer. Ich denke an Nick. Ich würde jetzt so gerne mit ihm schreiben. Er würde mich bestimmt auf andere Gedanken bringen. Aber ich bekomme mein Handy erst nächste Woche wieder. Morgen kommt eine Neue in unsere Gruppe. Ich hoffe, dass sie nett ist und wir uns während der Therapiespaziergänge ein bisschen besser kennenlernen können. Der nächste Tag beginnt wie die anderen. Ich habe zum Glück immer noch nicht zugenommen. Als Therapie haben wir heute sozialpädagogische Gruppe. Dort reden wir über Themen wir Nachsorge, Freizeitgestaltungen oder darüber, wie wir am besten mit unserer Essstörung gegenüber Freunden und Bekannten umgehen können. Heute reden wir darüber, wie sich unsere Freizeit mit Entwicklung der Essstörung verändert hat, und überlegen uns, wie wir unsere Freizeit nach dem Klinikaufenthalt gestalten können. Es motiviert mich, über eine Zeit ohne meine Essstörung nachzudenken. Und über Dinge, die ich neu ausprobieren möchte, wenn ich wieder zu Hause bin. Am Nachmittag haben wir die Gruppe Ernährung mit unserer Ernährungstherapeutin Frau Winter. Die anderen haben mich schon vorgewarnt, dass keiner sie so wirklich mag. Auch auf mich macht sie keinen besonders netten Eindruck.

Obwohl ich jetzt schon seit drei Tagen hier bin, fühle ich mich noch nicht so wohl in der Gruppe. Ich bin eine der Jüngsten und habe das Gefühl, nicht wirklich dazuzugehören. Auf dem Therapiespaziergang am Abend lerne ich die beiden Neuen kennen. Sie haben auch beide Anorexie. Mit Tamara, die in der anderen Gruppe auf der Jugendstation ist, und mit Jana, die in unsere Gruppe gekommen ist, verstehe ich mich auf Anhieb super. Ich fühle mich nun nicht mehr so alleine, weil ich jetzt nicht mehr die einzige Neue bin. Jana hat jedoch noch große Schwierigkeiten beim Essen, und ich verstehe, was die anderen damit meinen, dass es sie runterzieht, wenn jemand am Tisch isst wie ein Spatz. Deshalb wird Jana ab morgen in der Essbetreuung sein. Am Freitag habe ich neben einem Einzelgespräch mit meiner Therapeutin den ganzen Tag Gestaltungstherapie. Frau Meier möchte wissen, ob ich mich schon gut eingelebt und in die Gruppe integriert habe. Ich erzähle ihr, dass ich mich noch nicht ganz zugehörig fühle und auch noch mit dem

Gedanken an eine Gewichtszunahme große Probleme habe. Sie spricht mir gut zu und macht mir Mut. Meine Eltern vermisse ich auch.

Heute ist Samstag. Am Wochenende finden keine Therapien statt. Gemeinsam mit Tamara und Jana gehe ich nach dem Frühstück zum Samstagsvortrag. Der Chefarzt der Klinik, Prof. Dr. med. Huber, referiert über das Thema „Körperbildstörungen". Es ist unglaublich interessant. Am Nachmittag gehen alle, die noch keinen Besuch bekommen können oder noch nicht nach draußen dürfen, zum Reiten. Es macht unglaublich Spaß, und ich bin froh, mal einige Stunden außerhalb der Klinik verbringen zu können. Am Abend gehen wir gemeinsam mit unserem Betreuer Benjamin auf das Parklichterfest nebenan im Kurpark. Das Wochenendprogramm ist eine gute Ablenkung, und langsam lerne ich auch alle anderen besser kennen. Am Sonntag gehen wir Eis essen. Natürlich bestellen alle nur ein kleines Kügelchen Fruchteis, und auch die Waffel lassen wir liegen. Ich mache in meiner Freizeit jetzt viel öfter etwas mit den anderen. Besonders mit Zelda, die schon etwas länger hier ist, verbringe ich viel Zeit. Wir verstehen uns super und sind von Anfang an auf einer Wellenlänge.

Heute bin ich schon eine ganze Woche da, und es hat sich noch nichts an meinen Gedanken geändert. Sogar mein Gewicht ist noch weiter runtergegangen. Aber ich bekomme heute endlich mein Handy wieder und muss jetzt nur noch dreimal in der Woche zum Wiegen. Die Therapien sind so wie in der letzten Woche. In SPG besprechen wir die Zimmersituation. Am liebsten würde ich mit Tamara auf ein Zimmer. Leider kommt es jedoch dazu, dass ich am Donnerstag eine Neue auf mein Zimmer bekommen werde und Carlotta in ein Einzelzimmer ziehen wird. Ich habe Angst, mit einer neuen das Zimmer zu teilen. Ich habe mich gerade in der Gruppe eingefunden und will nicht von jemandem Neues runtergezogen werden. Es ist bereits Abend. Ich telefoniere kurz mit meinen Eltern. Sie wollen mich am Wochenende besuchen kommen. Natürlich wollen sie wissen, wie es mir geht und ob ich schon kleine Fortschritte mache. Danach rufe ich Nick an. Ich will unbedingt noch mal mit ihm reden, bevor es morgen nach Neuseeland geht. Es ist ein beruhigendes Gefühl, seine Stimme am anderen Ende zu hören. Ich erzähle ihm ein bisschen von hier. Ich sage ihm auch, dass mir das viele Essen sehr schwerfällt und ich mich total unwohl und fett fühle. Nick ist gespannt, was in meinem Brief steht, und überredet mich schließlich, dass er ihn schon jetzt öffnen darf. Meine Worte rühren ihn, und endlich bekomme ich eine Erklärung von ihm, auf die ich schon lange gewartet habe. Er hatte Angst, mir von der Sache zwischen ihm und Sabine zu erzählen. Er wollte nicht, dass es jemand anderes erfährt. Ich kann ihn verstehen. Wäre es an die Falschen herangetragen worden, hätte er wegen des Altersunterschieds der beiden dafür bestraft werden können. Das Risiko war ihm zu hoch. Ich weine während des ganzen Gespräches. Ich will verdammt noch mal nicht, dass er geht. Nick verspricht mir noch einmal, dass er mich bestimmt nicht vergessen wird und er trotz der Entfernung in Gedanken bei mir ist. Ich sage ihm ein letztes Mal, dass ich ihn lieb hab. Dann legen wir auf.

Den nächsten Tag geht es mir nicht gut. Nick ist jetzt wirklich für ein Jahr nicht mehr da. Auch sonst ist heute einfach nicht mein Tag, und ich bekomme noch schlechtere Laune, wenn ich daran denke, dass ich morgen eine Neue auf mein Zimmer bekomme.

Es ist schon wieder Donnerstag, und ich habe die Gruppe Ernährung. Das Thema der heutigen Stunde zieht mich jedoch extrem runter. Wir reden über unser Wunschgewicht. Mir wird leider klar, dass sich in meinem Kopf noch nicht viel geändert hat. Obwohl ich es langsam schaffe, mich mit dem vielen Essen abzufinden, fällt mir auf, dass ich nur aus Zwang und noch nicht aus eigener Überzeugung esse. Nach der Therapie unterhalte ich mich mit Zelda. Auch ihr geht es nach dieser Stunde nicht besonders gut, und wir reden ein bisschen über unsere Probleme. Es tut gut ,mal mit jemandem zu reden, der die gleichen Probleme und Gedanken hat. Zum ersten Mal fühle ich mich wirklich verstanden. Nach dem Gespräch geht es mir schon ein wenig besser. Am Wochenende besuchen mich meine Eltern. Zusammen mit ihnen gehe ich in den Garten, und wir spielen gemeinsam ein paar Gesellschaftsspiele. Nach langer Zeit können wir endlich wieder offen miteinander reden und lachen. Ihr Besuch ist besser, als ich erwartet hatte. Die nächsten Tage vergehen, und ich habe mehr und mehr das Gefühl, auf der Stelle zu stehen. Von Tag zu Tag schwindet meine Motivation, gesund zu werden, und es kommt mir so vor, als würde nichts etwas bringen. Immer öfter mischt sich die Stimme in meinem Kopf wieder ein. „Wenn du hier raus bist, kannst du dir alles wieder abhungern", versucht sie mir einzubrennen. Von meinem Anfangsgewicht komme ich auch nur schleichend weg. Nachdem ich die erste Woche ja sogar bis 48,6 kg abgenommen habe, bin ich nun bei 49,5 kg angelangt. Ganze 200 g habe ich seit meiner Aufnahme zugenommen. Meine Therapeutin und meine Ernährungstherapeutin sind auch nicht zufrieden mit meinem Gewichtsverlauf. Wenigstens darf ich jetzt in Begleitung nach draußen. Ich gehe ab jetzt immer nach dem Abendessen mit Zelda spazieren, was mir sehr guttut. Bei ihr habe ich das Gefühl, dass sie mich am besten versteht. Wir sind uns sehr ähnlich, und uns ging es in der letzten Zeit oft gleich. Wir reden auch über das Wiegen morgen. Ich habe wie jedes Mal extreme Angst davor. Ich fühle mich so unwohl in meinem Körper.

Heute fängt die Schule wieder an. Auch ich darf mich nach dem Frühstück in der Klinikschule vorstellen. Frau Meier hat mir vorerst drei Stunden für jeweils 45 Minuten pro Woche erlaubt. Das ist unglaublich wenig, aber ich bin froh, überhaupt am Unterricht teilnehmen zu dürfen. Die Lehrerinnen sind extrem nett, und durch die kleinen Gruppen von maximal drei Schülern ist das Lernen viel angenehmer. Sogar Mathe verstehe ich zum ersten Mal auf Anhieb.

Heute Morgen beim Wiegen sehe ich, dass ich schon wieder 100 g zugenommen habe. Ich fühle mich mal wieder ziemlich scheiße. Trotzdem gehe ich mit Clara und Jana ein Eis essen. Clara wohnt in dem Zimmer neben mir, und wir teilen uns einen Balkon. Mit ihr verstehe ich mich mittlerweile am besten. Ihr geht es hier von uns am schlechtesten, aber trotzdem gibt sie ihr Bestes. Es wird zum Ritual, dass wir jeden Abend die gleiche Runde spazieren gehen. Bei uns heißt sie nur noch die Bali-Therm-Runde. Die Bali Therme ist ein Schwimmbad ganz in der Nähe der Klinik. Immer wenn wir daran vorbeigehen, bleiben wir bei der Eiskarte stehen. Wir überlegen, welches Eis wir wohl am liebsten essen würden, und nehmen uns vor, genau das zu tun, wenn wir wieder gesund sind. Es ist schon ziemlich lustig, wenn zwei Magersüchtige von Essen schwärmen. Aber unsere Essstörung ist bei uns beiden eigentlich selten Thema. Viel lieber unterhalten wir uns über normale Dinge. Gemeinsam fühlen wir uns immer mehr wie zwei ganz normale Mädchen und wachsen immer mehr zusammen. Mittlerweile bin ich schon ganze drei Wochen hier. Langsam beginne ich die Therapien für mich zu nutzen und mich mit den anderen über meine Probleme zu unterhalten. Seit einigen Tagen habe ich jedoch das Gefühl, mein Körpergefühl immer weiter zu verlieren. Bis auf meinen Kopf nehme ich kaum etwas meines restlichen Körpers wahr. Nur wenn ich ihn anschaue, weiß ich, dass er noch da ist. Es ist ein komisches und unangenehmes Gefühl, sich selbst nicht mehr zu spüren. Außerdem kommt es mit so vor, als wäre meine Sicht auf viele Dinge wie vernebelt. Alles ist einfach so durcheinander.

Seit ich hier bin, hat sich noch keine meiner Freundinnen gemeldet. Aber wer will sich auch schon mit einer Essgestörten abgeben. Ich fühle mich alleine. Abends telefoniere ich mit meiner Mama. Wir reden über die Klassenfahrt nach Hamburg und die Ferienfreizeit des Sportvereins. „Annika, so leid es mir auch für dich tut, aber du kannst an der Klassenfahrt nicht teilnehmen. Du wirst doch erst entlassen, wenn sie schon zwei Tage da sind. Das lohnt sich doch dann gar nicht mehr, dich für die letzten drei Tage noch nachzubringen." Ich bin einfach nur sauer. Mich nervt hier alles nur noch. Ich mache kaum Fortschritte, und dann verpasse ich jetzt auch noch die Klassenfahrt nach Hamburg, auf die ich mich schon so gefreut habe. „Aber nach Schloss Dankern fahre ich definitiv", sage ich mit einem energischen Ton in der Stimme. „Wir warten, wie es dir bis dahin geht, und dann schauen wir weiter. Dein Vater und ich würden auch gerne noch von deiner Therapeutin hören, was sie von der Idee hält." „Ist ja klar, dass ihr mal wieder nicht versteht, wie wichtig das für mich ist, mit meinen Freundinnen dahin zu fahren." Wütend lege ich auf. Ich weiß, dass meine Mama mit ihren Befürchtungen nicht ganz unrecht hat, und ich bin mir selbst nicht ganz sicher, ob ich es mit dem Essen dort alleine schaffen würde. Aber ich will einfach nicht alles verpassen. Der nächste Tag ist genauso beschissen wie der letzte. Meine Angst vorm Wiegen war diesmal berechtigt: 50 kg. Ich fühle mich schrecklich. Mein Alptraum ist wahr geworden. Ich hoffe inständig, dass es bei diesem Gewicht bleibt. Eigentlich hatte ich mir vorgenommen nie wieder bis zur 50 zu kommen. Diese verdammte 5 am Anfang macht mich fertig. Nach fast vier Wochen meldet sich Sabine heute bei mir. Aber mehr als ein bisschen Small Talk wird daraus nicht. In der kommenden Woche plane ich gemeinsames Realitätstraining, welches am Wochenende ansteht. Ich freue mich auf zu Hause und darauf, meine Freundinnen wiederzusehen. Außerdem geht Zelda heute. Als ich mich von ihr verabschiede, gelingt es mir nicht, meine Tränen zurückzuhalten. In den letzten Wochen ist sie mir sehr ans Herz gewachsen, und es kommt mir so vor, als würde ich sie schon ewig kennen. Es ist traurig, dass sie schon geht, aber ich freue mich natürlich für sie, dass sie endlich nach Hause darf. Am Abend erzähle ich Nick von der Gewichtszunahme. Im Gegensatz zu mir ist er völlig am Ausflippen und würde am liebsten eine „Sie-hat-zugenommen-Party" schmeißen. Ich kann mich immer noch nicht wirklich darüber freuen, aber er macht mir Mut.

Heute kommen mich drei meiner Freundinnen besuchen. Ich bin etwas aufgeregt, wenn ich an das Widersehen denke. Hoffentlich entstehen keine unangenehmen Situationen. Doch das Treffen verläuft gut. Wir gehen alle zusammen in den Kurpark und quatschen den ganzen Tag lang. Sie erzählen mir, was es Neues gibt und was sie momentan in der Schule machen. Leider müssen sie schon relativ früh wieder nach Hause fahren, aber ich bin trotzdem glücklich, dass sie überhaupt hier waren.

Heute gehe ich mit Caro und Nadine für das Therapiekochen einkaufen. Wir laufen gemeinsam in den Werre Park und essen vorher noch alle zusammen einen Frozen Yoghurt. Wir entscheiden uns, nach dem Einkaufen mit dem Bus zurück zur Klinik zu fahren. Der Bus hat jedoch 15 Minuten Verspätung, und wir kommen viel zu spät zum Abendessen. Wir bekommen zwar keinen Ärger, aber müssen alles in uns hineinschlingen. Nach dem Essen habe ich totale Bauchschmerzen, weshalb ich mich mit meiner Wärmflasche ins Bett lege.

Das Therapiekochen am nächsten Tag macht mir sehr viel Spaß. Frau Winter bittet mich allerdings nach dem Essen noch in ihr Büro. Sie spricht mich auf meine winzigen Fortschritte bezüglich meines Gewichtes an und beschließt, mit mir einen Gewichtsvertrag auszuhandeln. Ab jetzt muss ich pro Woche 500 g zunehmen. Wenn ich es nicht schaffe, bekomme ich nur noch eine Stunde Ausgang in Begleitung. Natürlich fühle ich mich unter Druck gesetzt, aber ich merke so langsam, dass es anders nicht funktionieren wird. Zusätzlich bekomme ich ab jetzt nachmittags zu meiner Zwischenmahlzeit ein Stück Kuchen extra.

Am Freitag habe ich Familiengespräch. Es läuft besser als gedacht und ist für mich wie auch für meine Eltern sehr hilfreich. Gemeinsam mit meiner Therapeutin, die das Gespräch leitet, besprechen wir, wie wir in Zukunft besser kommunizieren können, ohne die Grenzen des anderen zu überschreiten. Es tut gut, mit meinen Eltern über alles zu reden. Nach dem Familiengespräch fahre ich gemeinsam mit meinen Eltern nach Hause. Mein erstes Realitätstraining steht an. Als Erstes fahren wir alle gemeinsam einkaufen, damit ich mir Sachen für meine Zwischenmahlzeiten aussuchen kann. Auch zu Hause soll ich die Struktur der Klinik vorerst beibehalten. Schon am ersten Tag merke ich, wie schnell ich in Versuchung gerate, wieder in alte Muster zu verfallen. Abends treffe ich mich mit Sabine und ein paar anderen Freunden. Es ist ein lustiger Abend, und keiner behandelt mich irgendwie anders als sonst. Darüber bin sehr froh. Am Sonntag gehe ich mit meinen Eltern zusammen zum Italiener. Dort muss ich mir meinen Teller wenigstens nicht selbst auffüllen, sondern bekomme das Essen schon portioniert serviert. Jedoch ist mein Bewegungsdrang heute wieder extrem.

Für morgen habe ich mir vorgenommen, einige Stunden in die Schule zu gehen. Ich habe ziemlich Angst davor, weil ich nicht weiß, wie die anderen mich behandeln werden und ob ich es schaffe, überhaupt wieder etwas vor ihnen zu essen. Leider werden meine Befürchtungen wahr und ich schmeiße mein Essen in der Schule wie gewohnt weg. Allein der Gedanke, vor den Anderen essen zu müssen, bringt mich ins Schwitzen.

Ich bin froh, als ich abends wieder in der Klinik bin. Ich habe gemerkt, dass sich noch einiges ändern muss. Am nächsten Tag habe ich zum Glück direkt ein Gespräch mit meiner Therapeutin. Ich erzähle ihr von den Sachen, die zu Hause noch gar nicht geklappt haben. Gemeinsam überlegen wir uns Strategien, wie ich diese Hürden überwinden kann. Schließlich habe ich ja in zwei Wochen erneut ein Realitätstraining. Frau Meier ist stolz auf mich, dass ich so offen zu ihr bin.

Aber ich habe es auch langsam satt, krank zu sein. Ich habe schon lange genug mein Leben mit dieser Krankheit vergeudet und bin mir jetzt absolut sicher, dass ich etwas ändern will. Die Stimme in meinem Kopf versucht jedoch immer noch dagegenzusteuern. Der ewige Konkurrenzkampf dieser beiden Seiten ist ermüdend und macht es mir immer wieder schwer mein Ziel, nicht aus den Augen zu verlieren. In einem bekannten Lied heißt es:

„Bauch sagt zu Kopf ja, doch Kopf sagt zu Bauch nein
Und zwischen den beiden steh ich
Zwischen den beiden steh ich
Bauch sagt zu Kopf ja, doch Kopf sagt nein
Dann schüttelt er sich
Zwischen den beiden steh ich
Zwischen den beiden steh ich
Und weiß nicht"

Genauso fühlt es sich an in mir. Diese Zerrissenheit macht mich fertig. Und wäre das nicht schon genug, bin ich zu allem Übel auch noch krank und habe von Frau Seidel strikte Bettruhe verschrieben bekommen. Außerdem ist mir aufgefallen, dass ich seit den letzten Tagen immer totale Zeitprobleme beim Abendessen habe: Entweder bin ich kurz vor knapp fertig oder schaffe noch nicht einmal, alles aufzuessen. Es muss sich noch so viel verbessern. Ich weiß gar nicht, wie ich das jemals alles schaffen soll. Die nächsten Tage verbringe ich immer noch im Bett. Auch das Wochenende stellt sich als ziemlich langweilig heraus. Abends gehe ich oft mit Nadine, die mit Caro im Nachbarzimmer wohnt, spazieren. Wir unterhalten uns über unseren Aufenthalt hier. Ich muss mich immer noch entscheiden, ob ich acht, neun oder zehn Wochen hierbleiben will. Wenn ich nur acht Wochen bleibe, kann ich noch mit den anderen in die Ferienfreizeit – sonst nicht. Aber wenn ich ehrlich zu mir selbst bin: Es hat sich für mich nicht wirklich etwas in meinem Kopf geändert. Ich esse zwar, aber ich kann mich in meinem Körper einfach nicht akzeptieren und kann mir nicht vorstellen, es überhaupt jemals zu können. Ich will einfach nur noch nach Hause – ich habe keinen Bock mehr.

Am nächsten Tag steht es für mich fest. Ich werde keine Verlängerung beantragen und nach acht Wochen die Klinik verlassen, auch wenn ich nicht weiß, ob ich es zu Hause schaffen werde. Ich hätte auch gerne vorher noch mal mit Frau Meier gesprochen, aber ausgerechnet diese Woche ist sie krank.

In der Gruppentherapie haben wir heute über unsere Stärken und Träume geredet. Es ist schon echt traurig, wenn man merkt, dass man mit der Entwicklung der Essstörung sein ganzes Selbstwertgefühl verloren hat. Wenn ich mir bewusst mache, wie viel Zeit und Energie ich ausschließlich in meine Krankheit investiert habe, erkenne ich, wie viel ich dadurch in meinem Leben schon verpasst habe. Ich kann nichts Schönes oder Positives an mir sehen, kann mich nicht so akzeptieren, wie ich bin. Das Einzige, wodurch ich mich definiere, ist meine Anorexie. Ich nehme mir vor, ab jetzt eine Liste anzulegen, in der ich notiere, was ich alles noch in meinem Leben machen und erleben möchte. Ich hoffe, dass ich dadurch lerne, die Schönheit des Lebens langsam wieder wahrzunehmen, und dadurch irgendwann meine verloren gegangene Lebensenergie zurückgewinne. Dieses Wochenende verbringe ich wieder zu Hause. Ich fühle mich wie ein aufgegangener Hefekuchen, aber trotzdem klappt es mit dem Essen besser als beim ersten Mal. Den Abend verbringe ich wieder wie beim letzten Mal mit meinen Freunden. Diese Mal esse ich sogar zusammen mit ihnen eine Pizza. Was mich jedoch richtig stört, ist, dass die ganze Zeit darüber geredet wird, wie viel Fett auf der Pizza schwimmt. Aber ich habe mich gut vorbereitet, und durch meine Mutsätze gelingt es mir, mich davon nicht beeinflussen zu lassen, und der Abend wird ziemlich lustig. Auch der Rest des Wochenendes verläuft gut, was mir ziemlich Mut macht, dass ich es zu Hause doch noch schaffen kann.

Nach dem Wochenende bricht am Dienstag meine letzte Woche in der Klinik an. Heute habe ich mein Einzelgespräch mit unserer Körpertherapeutin. Wir reden darüber, dass es mir weiterhin schwerfällt, mich selbst und meinen Körper zu akzeptieren, und ich immer noch diese Seite in meinem Kopf habe. Das gemeinsame Gespräch bringt mich sehr zum Nachdenken. Will ich mein Leben genießen oder wieder leiden und mich selbst für die Anorexie aufgeben?

Am Donnerstag ist Plenum. Da gestaltet jede Woche eine andere Gruppe eine Stunde zu einem von ihr ausgewählten Thema. Dort kann sich zudem jeder offiziell verabschieden und ein paar Worte sagen. Auch ich bin heute dabei und habe mir ein paar Gedanken dazu gemacht. Jetzt bin ich auch schon an der Reihe und darf meinen Text präsentieren:

„Was würde ich alles tun, um einmal wieder so richtig lachen zu können! Lange und ehrlich, bis mir mein Bauch wehtut und mir die Tränen in die Augen schießen. Etwas anderes zu empfinden, egal, irgendwas, selbst wenn es Schmerz, Angst oder Enttäuschung wäre – besser als nichts. Besser als dieses ewig schwarze Loch in meinem Bauch – Hunger. Der Hunger und ich, wir hatte eine Abmachung: Er sollte mich dünn machen, schön und

vor allem beliebt. Doch der Hunger war ein mieser Verräter. Er hat mir alles genommen, was mir wichtig war: Meine Freude, meine Träume, meine Lebensenergie – all das war weg. Er hat mich ausgesaugt, bis nichts mehr von mir übrig war – nichts außer dieser schrecklichen Leere. Ich sah keinen Ausweg! Doch ich habe mich entschieden zu kämpfen! Und ich kann mit Stolz sagen, dass ich auf dem besten Weg bin, meine Krankheit zu besiegen. Ich weiß, dass jetzt noch ein großer Teil des Weges vor mir liegt. Aber ich habe hier vieles gelernt, was mir dabei helfen wird, nicht von meinem Weg abzukommen. Ich habe gelernt, immer wieder aufzustehen. Auch wenn es vielleicht manchmal nicht so einfach sein wird. Und auch wenn mir mein Ziel an manchen Tagen auch noch so unerreichbar scheint, werde ich weiterkämpfen. Denn am Ende werde ich sagen können, dass es sich gelohnt hat. Denn dann werde ich endlich glücklich sein können. Aus diesem Grund möchte ich mich bedanken, dass ich hier die Chance bekommen habe, meiner Krankheit den Kampf anzusagen, und mit Unterstützung der Klinik die Grundsteine für ein glückliches Leben setzen konnte."

Alle klatschen, als ich von meinem Zettel aufschaue.

Meine Entlassung rückt von Tag zu Tag immer näher. Und ich schaue mit einem lachenden und einem weinenden Auge in die Zukunft. In den zwei Monaten, die ich hier verbracht habe, sind mir alle unglaublich ans Herz gewachsen, und ich bin traurig darüber, meine kleine, neu gewonnene Familie hier zurückzulassen. Aber ich freu mich auch riesig auf zu Hause.

Heute ist es endlich so weit: Ich werde entlassen. Die Verabschiedung von meinen Korso-Mäusen fällt mir nicht leicht, und es werden sogar die ein oder anderen Tränen vergossen.

Ich werde mit einem Gewicht von 52,5 kg, somit einer Gewichtszunahme von 3,4 kg, und laut Abschlussbericht „in deutlich gebessertem psychischen Zustand" entlassen.

Als ich auf der Rückfahrt im Auto sitze, kann ich noch gar nicht wirklich realisieren, dass ich dieses Mal nicht wieder zurückkehren werde.

Ich verbringe nur drei Tage zu Hause und kann mich gar nicht richtig einleben. Es ist Freitag und somit Beginn der Herbstferien. Heute fahre ich mit meinen Freundinnen in die Sportferienfreizeit nach Schloss Dankern. Die Busfahrt über haben wir eine Menge Spaß. Die ersten Tage erkunden wir alle gemeinsam den Park. Heute Abend sitzen wir alle gemütlich in unserem Häuschen auf dem Sofa. Die anderen waren heute schwimmen. Ich jedoch nicht. Ich habe mich nicht getraut, mich den anderen nur mit einem Bikini zu zeigen. Wenn ich so an mir runterschaue, finde ich mich wieder mal abgrundtief hässlich. Ich bin jetzt schon wieder hin- und hergerissen. Ich will mich anders fühlen. Zufrieden. Und das bedeutet für mich automatisch abnehmen. Aber immer wieder erinnere ich mich an die Worte der Körpertherapeutin: „Willst du dünn und krank sein oder normal und glücklich?" Wenn ich ehrlich bin, würde ich gerne wieder hungern. Aber das würde jetzt allen sofort auffallen. Besonders meinen Eltern. Und eigentlich möchte ich ihnen das auch nicht alles schon wieder antun. Ich wäre dann eine einzige Enttäuschung für sie. Eigentlich will ich es nicht wahrhaben, dass ich nach so kurzer Zeit nach meiner Entlassung schon wieder solche Gedanken habe. Aber ich weiß auch nicht wirklich, was ich dagegen machen kann. Alles, was ich in der Klinik gelernt habe, scheint wie gelöscht. Leider geht die Woche viel zu schnell vorbei. Ab jetzt habe ich noch eine Woche Ferien. Dann geht die Schule wieder los. Ich hoffe, dass ich nicht allzu viel verpasst habe und alles, so schnell es geht, nacharbeiten kann.

Heute habe ich ein Vorgespräch mit meiner neuen Psychologin. Wir müssen dafür leider bis nach Hamm fahren, aber meinen Eltern ist es die weite Strecke wert. Der erste Eindruck von ihr ist sehr gut. Sie ist noch etwas jünger und wirkt sehr sympathisch. Ich kann mir gut vorstellen, dass ich mich gut mit ihr über meine Probleme unterhalten kann. Innerlich habe ich mich jetzt schon für sie entschieden, obwohl ich in der nächsten Woche noch ein Vorgespräch mit einer Psychologin in Paderborn habe. Wie sich am Montag aber rausstellt, komme ich überhaupt nicht mit ihr klar. Gemeinsam entscheide ich mich mit meinen Eltern für die Psychologin aus Hamm, da sie auch bei ihnen einen guten Eindruck hinterlassen hat.

Von jetzt an habe ich also jeden Mittwoch Psychotherapie bei Dipl.-Psych. Jennifer Peiler in Hamm. In den ersten gemeinsamen Stunden erstellen wir meinen Therapiefahrplan, in dem wir meine Therapieziele festhalten. Am Ende ist ein dicht gefülltes Blatt entstanden. Noch kann ich mir kaum vorstellen, am Ende der Therapie alles abhaken zu können.

Die nächsten zwei Monate verlaufen gut. Die Therapie hilft, und sogar das Essen klappt gut. In der Schule habe ich mittlerweile alles wieder aufgeholt und bin also wieder genau auf dem gleichen Stand wie die anderen aus meiner Klasse. Zusätzlich zur Therapie gehe ich einmal in der Woche zur Gewichtskontrolle zu meiner neuen Hausärztin. Alles läuft perfekt. Ich kann auch endlich wieder beim Training mitmachen, ohne nach fünf Minuten vor Erschöpfung fast umzufallen. Das Verhältnis zu meinen Eltern hat sich ebenfalls gebessert. In der Therapie machen wir uns auf die Suche nach den Gründen und Auslösern meiner Essstörung. Nach über einem Jahr fange ich langsam an, über das Verhältnis von Nick und Sabine zu sprechen. Zuerst mit meiner Therapeutin, dann sogar mit meiner Mutter. Es ist eine unglaubliche Befreiung für mich, endlich mit jemandem darüber reden zu können und zu erzählen, wie ich mich in der Zeit des Schweigens gefühlt habe. Eins wird mir leider bei der Auseinandersetzung mit diesem Thema schmerzlich bewusst: Die damalige Situation hat mich in meinem Verhalten beeinflusst. Als mich meine Therapeutin immer öfter mit der Frage, ob Nick und Sabine nicht vielleicht doch bedeutsam für die Entwicklung meiner Anorexie sind, konfrontiert, wird mir vieles klarer. Die Tatsache, dass ich von Nicks und Sabines Verhältnis wusste, hat mich kaputtgemacht. Aber auch schon der Streit mit meiner damaligen besten Freundin Hanna hat in meinem Kopf große Verlustängste hervorgerufen. Unterbewusst habe ich auch gegenüber Nick solche Verlustängste entwickelt. Dadurch, dass er der Einzige war, mit dem ich über meine Probleme reden konnte, hatte ich Angst, es könnte das Gleiche wie bei Hanna passieren und ich würde ihn verlieren. Ich hatte Angst, dass Nick nur noch für Sabine da sein würde und ich wieder alleine wäre. Für mich war Nick der Einzige, der mich verstand. Da Sabine mir verboten hatte, mit jemandem über Nick und sie zu reden, stand für mich fest, dass von mir niemand etwas erfahren würde. Durch die Bürde des Schweigens jedoch konnte ich auch niemandem erzählen, wie sehr mich diese Situation belastete. Also sucht ich mir etwas anderes, um alles zu verarbeiten: Die anorexie. Sie war dafür perfekt. Sie wurde auch in anderen Bereichen zu einem Mittel, um etwas zu verarbeiten, was mich überforderte oder stresste. Immer mehr erlangte sie von mir Besitz, bis sie mich am Ende komplett eingenommen hatte. Meine Therapeutin legte mir immer öfter näher, mit Nick und Sabine über diese Erkenntnis zu reden. Aber natürlich hatte ich Angst, mit ihnen darüber zu reden. Sie würden sich fühlen, als würde ich ihnen die Schuld an meiner Krankheit geben wollen. Außerdem war es als Außenstehender schwer zu verstehen, dass ein Mensch aus solchen Gründen eine psychische Krankheit entwickelt. Jede Therapiestunde, in der ich mich mit dem Thema auseinandersetzte, war für mich sehr kräftezehrend. Vieles, was ich versucht hatte zu verdrängen, kam wieder hoch. Ich merke, wie ich immer öfter in alte Muster verfalle. Ich werde wieder kritischer mit mir selbst und lege meinen Fokus wieder auf die Sachen, die mich an mir stören. Auch die dunkele Jahreszeit bringt keine Besserung meiner Laune. Die Stimme der Anorexie wird wieder lauter und lauter. Mit Sabine kann ich darüber nicht reden. Seitdem ich ihr erzählte habe, was die Situation von damals in mir ausgelöst hat, herrscht bei uns Funkstille. Genau das, was ich nicht wollte, ist eingetreten. Auch beim Training mache ich nicht mehr so viel mit ihr. Aber ich habe Lara. Mit Lara kann ich über alles reden. Sie ist für mich da und hört mir zu. Wir sind in den letzten Monaten eng zusammengewachsen und zu besten Freundinnen geworden. Wir sind unzertrennlich. Aber auch sie schafft es nicht, die Stimme der Anorexie abzuschalten, und somit ändert sich auch nichts an meiner aktuellen Situation. Mit meinen Eltern rede ich nicht aus Angst, sie zu enttäuschen. Ich schaffe es nicht, ihnen davon zu erzählen.

Rückfall

Anfang des neuen Jahres ist wieder alles beim Alten. Die Anorexie hat mich wieder voll im Griff. Meine Eltern wissen von dem Ganzen nichts. Nur bei meiner Therapeutin suche ich Rat. Mein Gewicht fällt wieder. Schnell bin ich wieder bei unter 50 kg angekommen. Die Sucht nach weniger lässt mich nicht mehr los. Wieder fange ich damit an, mein Essen in der Schule wegzuschmeißen. Zu Hause versuche ich, so unauffällig wie möglich mein Essen zu reduzieren oder ganze Mahlzeiten auszulassen. Langsam merken meine Eltern wieder, dass etwas nicht mit mir stimmt. Ich leugne jedoch alles. Im März kommt Nick wieder. Ich sitze nervös auf meinem Sofa. Seine Unpünktlichkeit hat er leider nicht in Neuseeland gelassen. Es klingelt an der Tür. Wie eine Irre rase ich nach unten und öffne die Tür. Und endlich kann ich meinen besten Freund wieder in die Arme schließen. Ich kann gar nicht mehr aufhören, zu sehr freue ich mich darüber, dass es wieder da ist. Natürlich habe ich ein Willkommensgeschenk für ihn. Ich habe ein Fotoalbum über seine Zeit in Neuseeland gemacht. Während er dort war, haben seine Freunde und er einen Blog geführt. Die Blogeinträge habe ich mit den passenden Fotos zusammen in das Album geklebt und ihm so einen Rückblick über die gesamte Zeit dort erstellt. Er freut sich unglaublich. Für mich hat er nichts. Er erzählt mir, dass er nicht lange bleiben wird. In Neuseeland hat er jemanden kennengelernt. Sie wollen zusammen nach Hamm ziehen, um dort gemeinsam zu studieren. Ich kann es nicht fassen. Er ist gerade erst wieder da, und schon ist er bald wieder weg. Nachdem wir ein bisschen gequatscht haben, gehen wir gemeinsam zum Training. Während des ganzen Gespräches hat er nicht einmal nachgefragt, wie es mir momentan geht. Von der Zeit in der Klinik wollte er auch nichts mehr wissen. Ich habe das Gefühl, es scheint ihn gar nicht zu interessieren. Dieses Gefühl ist wie ein Stich in die Brust. Ich bin so enttäuscht von ihm. Wir leben uns immer mehr auseinander und schreiben auch nicht mehr so oft wie früher. Mehr und mehr verliere ich ihn. Mir geht es immer schlechter, und mein Gewicht ist zwischenzeitlich wieder bei 46,8 kg angekommen. Meine Therapeutin versucht, mich, so gut es geht, zu unterstützen, und lässt mich sogar vom gesamten Schwimmunterricht in der Schule befreien. Ich schäme mich so für meinen Körper und habe so panische Angst davor mich den anderen im Bikini zu zeigen, dass sie es nicht für sinnvoll ansieht, mich dieser Situation auszusetzen. Ich bin ihr sehr dankbar dafür, dass sie alles möglich macht, nur damit es mir besser geht. Trotzdem ist sie ehrlich zu mir und weist mir immer wieder auf, wie schlecht es mir geht. Sie konfrontiert mich mit Tatsachen, vor denen ich versuche die Augen zu schließen. Heute rede ich mit ihr über mein momentanes Gewicht. Sie gibt mir einen Zettel mit Perzentilkurven des Body-Mass-Index. Der nächste Satz von ihr hat es in sich: „Dein Gewicht entspricht ungefähr dem Normalgewicht einer Neunjährigen." Der Satz hat gesessen. Ich merke, wie mir die Tränen in die Augen schießen. Ich habe mich erschrocken. Vor mir selbst. Ich will das alles nicht mehr. Ich will endlich diese ganze Scheiße hinter mir lassen. Ich brauche diese Konfrontationen. Nur so wird mir die Realität überhaupt erst einmal wieder bewusst. Sie entscheidet sich dafür, meine Eltern zu informieren. Und die ganzen unangenehmen Gespräche beginnen von vorn. Meine Eltern verstehen nicht, warum ich nicht schon längst mit ihnen geredet habe. Aber ich kann nicht mit ihnen reden. Allein wenn ich schon daran denke, breitet sich in mir ein unbehagliches Gefühl aus. Es fühlt sich an, als würde mir die Luft zum Atmen genommen werden. Ich fühle mich bedrängt und würde am liebsten weglaufen. Es ist ein Gefühl, das sich kaum aushalten lässt. Warum es jedes Mal so ist, wenn ich mit meinen Eltern über meine Probleme reden soll, weiß ich nicht. Ich weiß nur, dass es der Grund dafür ist, warum ich es nicht tue.

Uns ist allen klar, dass ein zweiter stationärer Aufenthalt das Beste für mich sein wird. Als ich von der Therapie nach Hause komme, werde ich von meinen Gefühlen überwältigt. Die ganze Wut auf Nick, die sich seit einiger Zeit in mir angestaut hat, bricht aus mir heraus wie ein riesiger Tsunami. Die Welle bricht über Nick herab. „Danke, Nick, du hast es mal wieder geschafft, ich muss wieder in die Klinik", lautet die Nachricht, die ich ihm schicke. Er weiß nicht, was ich von ihm will. „Du machst mich kaputt, und das spricht ja mal wieder für sich, wenn du noch nicht einmal weißt, wieso. Denk einfach einmal in deinem Leben nach. Vielleicht fällt es dir ja irgendwann ein. Ich tue mir einfach nur selber leid, dich kennengelernt zu haben. Danke, dass dir alles so am Arsch vorbeigeht. Ich dachte, ich wäre dir wichtig", knalle ich ihm an den Kopf. Ich will nichts mehr von ihm wissen.

Meine Psychologin setzt sich mit der Klinik in Verbindung. Diese Mal geht alles viel schneller. Am 24. August 2016 werde ich aufgenommen. Ich bin froh, eine Pause von zu Hause zu haben, da das Verhältnis zu meinen Eltern zurzeit sehr schlecht ist. Ich werde wie beim letzten Mal von Adina aufgenommen und komme durch Zufall sogar in mein altes Zimmer. Frau Meier ist auch diese Mal meine Therapeutin. Es fühlt sich an, als würde ich nach langer Zeit wieder nach Hause kommen. Alles ist so vertraut. Die anderen sind auf Anhieb alle sehr nett, und ich fühle mich schon nach einigen Tagen als ein Mitglied der Gruppe. Der Aufenthalt unterscheidet sich sehr von meinem vorherigen. Ich darf von Anfang an am Sportprogramm teilnehmen. Nur schwimmen gehen möchte ich nicht und spreche mit Frau Seidel ab, dass ich selber entscheiden kann, ob ich irgendwann mitgehen möchte. Aber ich merke auch, dass ich die Zeit in der Klinik nicht so gut nutze wie das Jahr zuvor. Es fällt mir eindeutig schwerer, mich von meiner Krankheit abzugrenzen, und ich gebe immer öfter nach. Ich fühle mich total fehl am Platz. Ich habe das Gefühl, dass ich durch mein Normalgewicht gar nicht wirklich als krank wahrgenommen werde. Meine Gedanken haben sich jedoch trotz meines Gewichtes nicht geändert. Im Gegenteil. Es ist eigentlich noch schlimmer geworden.

Heimlich schmiede ich schon wieder Pläne ,wie ich zu Hause wieder an Gewicht verlieren kann. Ich habe große Angst, meine Krankheit gehen zu lassen. Ich habe Angst, ohne die Magersucht ein kleines, unbedeutendes Nichts zu sein. Es fühlt sich an, als wäre die Essstörung ein Teil von mir geworden, ohne den ich nicht mehr leben kann. Immer öfter schießen mir Gedanken in den Kopf. Ich schreibe sie auf, um sie mir bewusst zu machen: „Wer bin ich, wenn ich Dich aufgebe? Bin ich dann überhaupt noch ich? Bist nun schon seit über zwei Jahren meine treue Begleiterin. Ich habe Angst davor, wie es ohne Dich sein wird. Werden die andern mich überhaupt noch mögen? Ich will nicht ohne dich leben, denn ich bin schon lange nur noch Du." Das Schreiben hilft mir meine Gedanken zu ordnen und mir zu zeigen, was ich tief aus meinem Inneren heraus wirklich will. Und ich merke, dass es in diesem Moment nicht das Bekämpfen meiner Krankheit, sondern wohl eher die Hingabe zu ihr ist, was mich treibt. Ich erzähle Lara davon, dass ich mir sicher bin, dass ich, sobald ich aus der Klinik bin, wieder abstürze. Ich weiß, was ich ihr damit antue. Sie sagt mir, dass sie unglaublich Angst davor hat, mich zu verlieren. Die letzte Zeit war schrecklich für sie. Sie musste mir hilflos dabei zugucken, wie ich mich runterhungere. Sie will das alles nicht noch einmal mitmachen.

Die einzige Sache, die sich verändert, ist das Verhältnis zu meinen Eltern. Wir führen hier einige klärende Gespräche. Meinen Kampf gegen meine Magersucht habe ich jedoch aufgegeben. Ich habe das Gefühl, dass auch die Therapeuten merken, was in mir vorgeht. Meine Therapeutin äußert den Verdacht, dass sie glaubt, dass ich mich noch nicht entschieden habe, was ich für meine Zukunft will. Sie hat recht. Es stimmt, dass ich noch nicht weiß, wie es weitergehen soll. Nach dem Gespräch setze ich mich in mein Zimmer und beginne mal wieder, mir alles von der Seele zu schreiben:

„Leben oder existieren? Diese Frage stelle ich mir jetzt schon seit über zwei Jahren, aber trotzdem kann ich sie mir immer noch nicht wirklich beantworten. Eigentlich dachte ich, ich wäre über den Punkt schon hinweg und könnte aus voller Überzeugung sagen, dass ich gesund werden will. Aber traurigerweise kann ich das immer noch nicht. Ich habe unfassbare Angst, diesen Teil, der schon zu mir und meiner Identität gehört, aufzugeben. Ich habe oft das Gefühl, dass ich nur noch aus meiner Essstörung bestehe – ich bin meine Anorexie. Sie gibt mir einfach so viel, und ich weiß nicht, ob ich je-

mals etwas finden werde, das mir genauso viel gibt wie Ana. Ich kann mir gar nicht mehr vorstellen, wie es ist, ohne meine Essstörung zu leben. Ich habe vergessen, wie ein normales Leben aussieht, und kann mich kaum noch an die Zeit erinnern, in der ich noch nicht krank, sondern gesund war. Natürlich finde ich auch Gründe dafür, gesund zu werden, aber sie kommen mir im Gegensatz zu denen, die für die Krankheit sprechen, so unglaublich winzig und unbedeutend vor. Was habe ich schon davon, wenn ich normal esse, und ein für meine Größe normales Gewicht besitze, jedoch bei meinem Anblick in Tränen ausbreche, weil ich mich so sehr dafür hasse und mich abgrundtief hässlich finde. Ich sage bei jedem Gespräch mit meiner Therapeutin, dass ich einfach lernen muss, mich so zu akzeptieren, wie ich bin. Aber das ist so schwer. Nach dem letzten Klinikaufenthalt habe ich mir vorgemacht, dass ich das mit der Selbstakzeptanz könne. Aber insgeheim hatte ich schon längst wieder geplant, zu Hause alles wieder runterzuhungern und meinen Lebensstil so wie vor der Klinik weiterzuführen. Und momentan weiß ich, dass genau dasselbe wieder passieren wird. Denn ich verschwende schon wieder viel zu viele Gedanken daran, was ich zu Hause machen kann, um wieder abzunehmen, ohne dass die anderen mitbekommen, dass ich noch immer so krank bin. Doch wenn ich ehrlich zu mir bin, ist es für mich schon gar keine Krankheit mehr, sondern eher Normalität. Auf der einen Seite ist das alles traurig, und ich will es mir auch nicht wirklich eingestehen, aber allein die Tatsache, dass ich überhaupt solche Dinge denke, zeigt doch, wie die Realität wirklich ist. Eigentlich war meine Aufgabe, in diesem Text Argumente für und gegen die Essstörung zu finden. Aber was bringt mir das eigentlich? Im Endeffekt weiß ich schon jetzt, dass die Argumente für die Magersucht immer mehr Gewichtung haben werden. Aber ich werde es trotzdem tun, um mein Gewissen zu beruhigen und meinen Eltern, meiner Therapeutin und jedem hier etwas vorzuspielen. Doch vielleicht bin ich selbst zu feige, einzusehen, dass ich mich schon längst entschieden habe. Nämlich für den Weg, an dessen Ende ich mit meinem Leben bezahlen werde. Für den Weg, auf dem ich mein Leben für das Hungern aufgeben werde. Aber jetzt erst mal zu den Gründen, für die es sich lohnen würde, einen hart erarbeiteten Teil von mir aufzugeben. Ich könnte wieder richtig leben, mein Leben genießen und mich wieder über viele Dinge freuen. Aber ist das nicht eigentlich meine größte Angst? Das Leben?"

Dieser Text beweist, dass ich mich entschieden habe. Doch als ich wieder zu Hause bin, kommt alles anders. Durch Zufall lerne ich Tim kennen. Ohne ihn wäre nach der Klinik alles wieder wie vorher gewesen. Es dauert nicht lange, und wir werden ein Paar. Dank ihm fange ich sogar wieder an, Fleisch zu essen, und überhöre die Stimme der Magersucht, die immer noch versucht, mich wieder in ihren Bann zu ziehen. Ohne Erfolg. Ich bin glücklich wie schon lange nicht mehr. Auch meine Therapeutin merkt, dass er mir guttut, bereitet mich jedoch trotzdem darauf vor, auch alleine zurechtzukommen. Das Einzige, was mir zu schaffen macht, ist die Schule. Es ist nicht so wie nach dem letzten Aufenthalt. Ich habe Schwierigkeiten, mit der Aufarbeitung des Stoffes hinterherzukommen, und merke, dass der Stress schon wieder auf meine Gesundheit schlägt. Ich habe kaum noch Freizeit, und Zeit mich auf meine Therapie, aber auch in erster Linie auf mich selbst zu konzentrieren. Immer öfter spiele ich mit dem Gedanken, die Schule zu wechseln, wozu es letztendlich nach einigen Überlegungen auch kommt. Ich erhoffe mir durch den Schulwechsel einen Neuanfang. Mit der Zeit merke ich auch, dass die Beziehung mit Tim mich psychisch sehr belastet. Es ist schwer, mit jemandem eine Beziehung zu führen, der wie man selbst auch viele große Baustellen in seinem

Leben hat. Ich fühle mich noch nicht bereit für eine so große Aufgabe, und mir wird klar, dass ich jemanden an meiner Seite brauche, der eine Stütze für mich ist und mit beiden Beinen im Leben steht. Das ist auch der Grund, warum ich mich nach mehreren Monaten von ihm trenne. Ich genieße die Zeit alleine und kümmere mich wieder mehr um mich. Ich habe endlich wieder Zeit dafür, mit meinen Freundinnen feiern zu gehen. Die gemeinsame Zeit mit Tim hat mich sehr beansprucht, und auch in der Therapie arbeite ich somit daran, den Fokus wieder auf mich und meine Bedürfnisse zu legen.

Das Leben mit seinen Herausforderungen

Der Schulwechsel und die neue Umgebung tun mir gut. Dadurch dass auf der Waldorfschule nach G9 unterrichtet wird, bin ich meinen Mitschülern sozusagen schon ein Jahr voraus. Trotzdem empfinde ich es als sehr positiv, einige Themen durch die Wiederholung noch einmal zu vertiefen. Ich habe keine großen Probleme, in der neuen Klasse Anschluss zu finden. Da meine Cousine auch in meiner Klasse ist, kenne ich bereits viele der Mädchen und lerne alle schnell näher kennen. Dort herrscht ein komplett anderes Lernklima als auf dem Gymnasium. Neben den Noten steht nämlich auch die Persönlichkeit des Einzelnen ganz oben auf der Liste der Prioritäten. Das Schuljahr vergeht wie im Flug. Kurz vor den Ferien lerne ich meinen jetzigen Freund Lukas kennen. Auch er ist eine große Stütze für mich. Jedoch habe ich mich immer noch nicht ganz von meiner Magersucht distanzieren können. Besonders jetzt während des Sommers werde ich wieder kritischer mit mir selbst und meinem Körper. Und anstatt mit den anderen an den See zu fahren, verbringe ich meine Zeit in meinem Zimmer, weil ich mich zu sehr für meinen Körper schäme. Auch meine Therapeutin merkt, dass ich wieder abzurutschen drohe. Ausgerechnet jetzt steht auch noch mein Sozialpraktikum an, das ich in England absolvieren werde. Meine depressive Symptomatik schränkt mich immer weiter ein. Ich liege nur noch im Bett und werde vom Sog negativer Gedanken in die Tiefe gezogen. Um meine Gedanken verarbeiten zu können, fange ich wieder an zu schreiben. Wie immer hilft es mir weiter, und ich kann es für mich nutzen.

Stürmische See

Nun sind sie wieder da
Ganz plötzlich und unerwartet
Sie rauschen über mich herab
Fühl mich hilflos
Weiß nicht, was ich tun soll
Dieser Strudel
Der Sog ist stark und ich schwach
Ich drohe zu verschwinden
Verzweifelt schwimme ich dagegen an

Die Kraft verlässt mich
Ich gebe mich ihnen hin
Untergang

Gemeinsam mit meiner Therapeutin denke ich über das weitere Vorgehen nach. Da ich nun schon so lange kämpfe, aber die Gesprächstherapie allein nicht ausreicht, empfiehlt sie mir eine zusätzliche Behandlung in Form einer Medikation. Meine Eltern sind überhaupt nicht begeistert, und es herrscht wieder total Stress zu Hause. Nach einem Beratungsgespräch mit meiner Therapeutin stimmen meine Eltern jedoch zu.

Für fünf Wochen bin ich in England und mache ein Praktikum in einer Kita. Ich bin in einer sehr chaotischen Gastfamilie untergebracht. Ich fühle mich alleine und merke, dass das eigenverantwortliche Essen überhaupt nicht klappt. Aus Angst, meine Eltern würden mich abholen, verschweige ich ihnen mal wieder alles. Nur Lukas erzähle ich, wie schlecht es mir in Wirklichkeit geht. Er macht sich große Sorgen. Ich esse kaum etwas. Die Psychopharmaka zeigen keine Wirkung. Ich bin also auf mich allein gestellt und muss versuchen, so gut es geht, durchzuhalten. Die Telefonate mit Lukas geben mir Kraft. Ich schreibe meiner Therapeutin, und auch sie gibt mir einige Tipps. Natürlich nutze ich auch wieder Stift und Papier, um meine Probleme loszuwerden:

„Ich gehe durch die Straßen der Stadt und höre die Menschen lachen.

Wie gern würde ich wieder lachen können. Ein echtes Lachen, das tief aus meinem Herzen kommt – kein aufgesetztes ‚Es-geht-mir-gut-Lachen'.

Ich habe schon lange nicht mehr richtig gelacht. Irgendwo auf meinem Weg habe ich mein Lachen verloren. Ich weiß nicht mehr, wo ich es verloren habe, aber ich weiß, dass mein verlorenes Lachen noch irgendwo in mir schlummert. Ganz tief, im Inneren meiner Seele schlummert es und wartet darauf, aus seinen Schlaf erweckt zu werden.

Aber ich fühle mich so leer und nicht stark genug, um mein Lachen wiederzufinden und zu erwecken. Ich fühle gar nichts, außer einer unglaublichen Leere in mir.

Manchmal verwandelt sich die Leere auch in Traurigkeit. Aber nicht in diese Traurigkeit, bei der man weinen kann, sondern in die Traurigkeit, die dich von innen auffrisst und dich zu erdrücken scheint.

Du kannst nichts gegen dieses Gefühl machen. Dieser Schatten der Traurigkeit legt sich über dich wie ein Schleier, und deine Seele ist schwer, als wären Steine in ihr, die auf dir lasten würden. Dieses Gefühl ist überwältigend und macht dich ohnmächtig. Diese Traurigkeit verschwindet erst, wenn sie es will, und wenn sie gegangen ist, ist da wieder diese unendliche Leere.

Vielleicht werde ich irgendwann stark genug sein und mein verlorenes Lachen wiederfinden.

Aber wenn du das nun hörst, verstehst du vielleicht, warum ich nicht mehr lachen kann."

Ich schaffe es, mich wieder zu fangen und nicht noch weiter zurück in meine Magersucht zu rutschen. Ich bin froh, nach fünf Wochen endlich wieder zu Hause zu sein. Die Medikation setze ich ab. Ich spüre dadurch keine Veränderungen. Meine Psychologin versucht, für mich einen Termin in der LWL-Universitätsklinik Hamm zu ergattern. Ich habe Glück und bekomme schnell einen Termin. Endlich bringt jemand Licht ins Dunkel und stellt mich auf ein neues Antidepressivum ein. Ich erfahre, dass das Medikament, das mir vorher von meinem Hausarzt verschrieben wurde, das falsche war. Es hat eine beruhigende Wirkung. Was bei meinen Symptomen natürlich das Falsche war. Ich wurde dadurch einfach nur noch müder und hatte noch weniger Antrieb als sowieso schon. Dieses Medikament jedoch schlägt nach drei Wochen endlich an, und es ist eine deutliche Verbesserung zu erkennen. Da das Medikament jedoch nur eine weitere Unterstützung neben der ambulanten Psychotherapie ist, fahre ich weiterhin jeden Mittwoch zu meinen Gesprächsterminen. Ich mache große Fortschritte. Es fällt mir jetzt sogar immer ein bisschen leichter, auch mit meinen Eltern über meine Probleme zu reden. Ich fange an, auf meinen Körper und seine Bedürfnisse zu achten und ihm das zu geben, was er benötigt. Ich übernehme mehr Verantwortung für mich selbst. Und auch wenn zwischendurch mal ein schlechter Tag dabei ist, lasse ich mich nicht mehr so schnell davon runterziehen, sondern fokussiere mich auf die Dinge, die gut klappen. Ich unternehme wieder viel mehr mit meinen Freunden, anstatt depressiv in meinem Bett zu liegen. Ich merke, wie ich damit anfange, das Leben zu genießen.

Ich kann endlich mit vielen Sachen abschließen. Sogar damit, was damals zwischen Sabine und Nick war. Ich habe wieder Kontakt zu den beiden. Es wird zwar nie wieder so werden wie früher, aber wir verstehen uns alle wieder gut und haben einander die vergangenen Vorfälle verziehen. Auch ich beginne nun endlich zu leben. Ich gehe ins Fitnessstudio, unternehme viel mit meinen Freunden und mache Dinge, die mich glücklich machen. Ich esse das, worauf ich Lust habe, und mache mir keine Gedanken mehr über Kalorien. Ich akzeptieren, dass ich in Size Zero nicht mehr reinpasse und mir ab jetzt vielleicht auch mal Größe S statt XS kaufen muss. Mir ist klar geworden, dass ich nicht perfekt sein und auch nicht allen gefallen muss. Die Hauptsache ist, dass ich mit mir zufrieden bin. Die Abstände zwischen meinen Therapiestunden werden immer größer. Als meine Therapeutin mir verkündet, dass wir uns erst in einem Jahr wiedersehen, breche ich in Tränen aus. Aber diesmal sind es Tränen der Freude, die über meine Wangen kullern. Ich habe es endlich geschafft. Nach über vier Jahren habe ich den Kampf gewonnen. Es ist ungewohnt, so etwas zu sagen, aber ich bin stolz auf mich. Ich bin froh, trotz vieler Rückschläge nicht komplett aufgegeben zu haben.

Und das Einzige, was ich ab jetzt tun werde, ist leben.

Sichtweisen anderer

Svenja

Um ehrlich zu sein, habe ich nicht die geringste Ahnung, wie ich das alles genau in Worte fassen soll. Viele meiner Entwürfe haben sich später im Papierkorb wiedergefunden.

Na ja, am besten fange ich einfach am Anfang an.

So gut kannten wir uns damals eigentlich gar nicht. Ich meine, wir haben uns gut verstanden, aber standen uns nicht wirklich sehr nah. Aber irgendwie ging es dir eine lange Zeit sehr schlecht, und ich hatte irgendwie das Gefühl, dass du jemanden bräuchtest.

Es wunderte mich nur, dass es deinen Freunden irgendwie nicht auffiel. Deshalb versuchte ich, dich darauf anzusprechen. Anfangs wolltest du natürlich nicht darüber reden, und das konnte beziehungsweise kann ich sehr gut verstehen. Aber trotzdem war da das Gefühl, dass irgendwas nicht in Ordnung war, und somit habe ich nicht lockergelassen. Ich wollte dich nicht bedrängen, aber ich wollte dir das Gefühl geben, dass du jederzeit mit mir reden könntest, wenn du dazu bereit wärst und du es bräuchtest. Na ja, und dann hast du dich eines Tages überwunden und hast mir von deinen Problemen und von deiner Angst, in eine Magersucht zu rutschen, erzählt.

Und … keine Ahnung, was genau ich in diesem Moment, als die Worte aus deinem Mund kamen, gedacht hab, aber du hast mich damit damals kalt erwischt. Es war etwas, womit ich nicht gerechnet hätte. Ich weiß auch nicht mehr, was ich zu dir gesagt habe, aber ich glaube, ich habe dich einfach in den Arm genommen und gehofft, dass es hilft.

Ein paar Tage später, an Sarahs Geburtstag, hast du überlegt, ob du es Nick erzählen sollst. Wenn ich mich recht erinnern kann, warst du zu dem Zeitpunkt auch noch bei keinem Arzt gewesen. Alles, was ich dir raten konnte, war, dich ihm anzuvertrauen, weil ich wusste, dass ihr zuvor schon eine ziemlich enge und auch irgendwie besondere Bindung zueinander hattet. Ich habe immer gehofft, dass du mit ihm das teilen kannst, worüber du mit mir nicht reden konntest.

Du warst immer jemand, der die Dinge eher in sich reinfraß, aber es war klar, dass das dich auf längere Zeit kaputtmachen würde. Dann hast du dich endlich dazu entschlossen, Nicks von allem zu erzählen und auch schließlich zum Arzt zu gehen. Und ich weiß noch, dass ich dich für deinen Mut unglaublich bewundert habe. Mit der Zeit haben wir uns immer besser kennengelernt, und du kamst immer öfter zu mir, um zu reden. Das hat die Lateinstunden um einiges erträglicher gemacht, und ich hoffte, dass ich immer mehr zu einer Art Stütze für dich werden konnte. Ich wollte für dich da sein, wenn irgendwas war.

Da fällt mir speziell die Situation mit Paula ein. Du saßest mal wieder vorm Unterricht mit deiner Jacke, die du so gut wie immer anhattest, neben mir. Paula saß neben uns und ließ ganz unerwartet einen Kommentar ab: „Tja, Magersüchtigen ist halt immer kalt." Ich hätte sie in diesem Moment am liebsten angeschrien, weil ich merkte, wie du zusammenzucktest. Natürlich hatte sie nicht die geringste Ahnung, was sie damit eigentlich sagte, aber diese Aussage hatte dich getroffen.

Ein paar Wochen später hast du dich dann durchgerungen und dich ganz alleine vor die Klasse gestellt, um allen von deiner Krankheit zu erzählen. Ich weiß, wie nervös du davor warst, denn vorher saßen wir zusammen in der Bibliothek, und ich sah, wie deine Hände zitterten. Aber du warst es leid, dir immer irgendwelche Kommentare anhören zu müssen und mitzukriegen, wie hinter deinem Rücken darüber spekuliert wurde, was denn mit dir los sei. Schlussendlich hast du mal wieder deinen Mut bewiesen und zugleich den Taschentuchkonsum unserer Klasse ordentlich angehoben. Und es war kaum zu glauben, dass unsere Mathelehrerin uns in unserer letzten Mathestunde vor der Klassenarbeit erlaubte, aus dem Unterricht zu gehen. Aber irgendwie war es auch befreiend, so habe ich es zumindest empfunden. Danach ging alles wie immer weiter. Wir haben Lateinvokabeln mit absolut dämlichen Eselsbrücken bekämpft, Songtitel aufgeschrieben, anstatt uns auf das Gebrabbel unseres Lateinlehrers zu konzentrieren, und uns über Nick, den wir eigentlich nur noch Brüderchen nannten, unterhalten. Als du damals davon erfahren hast, dass er für ein ganzes Jahr nach Neuseeland gehen würde, muss das unglaublich hart für dich gewesen sein. Dann haben wir uns rührselige Flughafenszene vom Wiedersehen ausgedacht und waren in der Stadt um Weihnachtsgeschenke zu kaufen. Wir stellten jedoch später fest, dass er im Gegensatz zu uns erschreckend unkreativ in Sachen Geschenke war.

Anfang der 9.n Klasse warst du dann erstmals in der Klinik. Da ich davon zuerst nichts wusste und ich mich wunderte, als du mehrere Tage nicht zur Schule kamst, habe ich dich angeschrieben, um zu fragen, was los sei. Du wolltest nicht, dass ich den anderen davon erzählte, wo du warst, und ich akzeptierte deinen Wunsch und versuchte, den Kontakt, so gut es ging, zu halten. Nach einiger Zeit hast du dich aber dann doch durchgerungen und hast sogar einen Brief an unsere Klasse geschrieben. Nur leider hast du durch deinen Klinikaufenthalt unsere Klassenfahrt nach Hamburg verpasst, und ich wusste, wie sehr es dir gefallen hätte. Nach den Herbstferien warst du dann wieder da, und es schien dir besser zu gehen, oder ich habe es zumindest gehofft, auch wenn es danach komische Situationen gab. Ich weiß noch, wie du mir erzählt hast, dass deine Mutter seit Neustem immer in dein Zimmer kam, als ob sie sich einfach nur vergewissern wollte, ob du noch da seist. Ich konnte mir sehr gut vorstellen, wie nervig und anstrengend die Kontrolle für dich sein musste. Auch deine Lücken in der Schule waren relativ groß, wobei ich sagen muss, dass wir Mathe super zusammen hinbekommen haben, als wir dann zusammensaßen oder spätabends vor der Klassenarbeit noch schnell eine Krisensitzung über WhatsApp abgehalten haben. Ich wollte dir helfen, wo ich nur konnte, aber das Leben ist nun mal einfach eine Bitch, und so hattest du dann auch noch Riesenkrach mit deiner Freundin Flori. Obwohl du gerade zu der Zeit eigentlich mal ein bisschen Ruhe verdient hättest. Aber auch das haben wir hinbekommen, obwohl man uns erst aus dem Klassenraum schmeißen wollte, als wir einfach in der Pause dort miteinander redeten. Aber Kommunikation ist die Basis jeder zwischenmenschlichen Beziehung, und so konnten wir dir wieder ein bisschen Selbstvertrauen einflößen. Ende der 9. Klasse hast du dich noch mal dazu entschlossen, in die Klinik zu gehen. Ich fand diese Entscheidung von dir sehr stark und tapfer. Zudem hast du dich, als du wieder in die Schule zurückgekehrt bist, dafür entschieden, unsere Schule zu verlassen und auf einer anderen Schule einen Neuanfang zu starten. Was ich eigentlich damit sagen will, ist, dass du unglaublich stark bist, auch wenn du das manchmal selbst nicht von dir denkst. Aber du bist eine der liebeswertesten Personen, die ich kenne. Und du konntest immer zu mir kommen, wenn du Hilfe oder auch einfach mal nur jemanden zum Reden brauchtest. Und das kannst du heute immer noch tun.

Linda

Als ich von deinem Vorhaben, ein Buch über deine Krankheit zu schreiben, erfahren habe, habe ich mich sehr gefreut. Zum einen war ich unheimlich stolz auf dich, dass du versuchst, dich endgültig aus den Fesseln und der ständigen Kontrolle der Magersucht zu befreien. Ich weiß, dass du einen harten und anstrengenden Weg hinter dir hast und es dir sehr lange nicht leicht gefallen ist, dich deinen Eltern und deinen Freunden mitzuteilen. Und doch hast du nicht aufgegeben. Du hast einen Weg gefunden, die Magersucht zu überwinden und mit diesem Kapitel abzuschließen.

Zum anderen bin ich dankbar, dass ich dich in deinem Prozess begleiten durfte. Es bedeutet mir sehr viel, dass du mir gegenüber ein so großes Vertrauen aufgebracht hast, dass ich dir zuhören und dich in vielen Lebenslagen begleiten durfte.

Wir beiden haben uns damals in der 5. Klasse des Gymnasiums kennengelernt, weil wir zusammen in eine Klasse kamen. Schon nach den ersten paar Wochen entwickelte sich eine Freundschaft, und wir wurden schnell zu engen Freundinnen. Wir gingen zusammen in den Schulchor, und auch in unserer

Freizeit unternahmen wir viel. Du warst ein hübsches, lebensfrohes und vertrauensvolles Mädchen. Wenn ich heute an unsere Erlebnisse und Gespräche zurückdenke, wird mir immer wieder klar, wie wichtig du mir warst. Ich erinnere mich oft an deine liebenswerte Art. Sie hat mich schon immer jeden Tag aufs Neue fasziniert. Im 7. Schuljahr fingen wir langsam an, uns auseinanderzuleben, was mir zunächst aber gar nicht auffiel. Irgendwann saßen wir nicht mehr nebeneinander und verbrachten immer weniger Zeit miteinander. Als ich bewusst darüber nachdachte, beruhigte ich mich, indem ich es mir durch unsere unterschiedlichen Freundeskreise erklärte. Aber ernsthafte Sorgen habe ich mir nie gemacht. Ich stellte fest, dass du dich verändert hattest, aber was genau es war, konnte ich mir erst später erklären. In einer Pause zwischen den Stunden standst du hinten an deinem Fach. Du warst dabei, deine Bücher der letzten Stunden einzusortieren und die für die kommende Stunde herauszusuchen. Dein Fach war wie immer das ordentlichste der Klasse. Du hattest immer alle Bücher der Größe nach sortiert. Plötzlich kam ein Mädchen von hinten und pikste dich mit ihren Fingern in deine Rippen, genauso wie wir es immer gemacht hatten. Du zucktest zusammen – wie immer. Doch was diesmal anders war, war, dass das Mädchen dich darauf aufmerksam machte, dass du immer dünner würdest. Daraufhin drehtest du dich energisch um und sagtest: „Hört doch auf, mich immer auf meine Figur anzusprechen!" Diese aggressive und genervte Reaktion von dir schockierte mich sehr. Das war der Moment, wo ich mich zum ersten Mal mit deiner Veränderung auseinandergesetzt habe. Aber an Magersucht habe ich nie gedacht.

Im Winter des gleichen Jahres traten wir dann mit unserem Schulchor bei einem Weihnachtskonzert vor einem großen, anspruchsvollen Publikum auf. Wir hatten sogar gleich zwei Vorstellungen an diesem Abend. Am Abend beschlossen wir, gemeinsam mit allen eine Pizza zu bestellen. Während alle sich großzügig bedienten, warst du schon nach einem kleinen Stück satt. Zumindest hast du es behauptet. Was damals tatsächlich in dir vorging, ist mir erst viel später klar geworden. Zu dieser Zeit habe ich mir nicht vorstellen können, wie viel Überwindung es dich gekostet haben muss, überhaupt einen Bissen von dieser Pizza zu essen. Aber du wolltest kein Aufsehen erregen. Du hättest dir sowieso von nichts und niemandem sagen lassen wollen, wie du wirklich aussiehst und wie sehr du deinem Körper schadest.

Ein halbes Jahr später — wir waren bereits in der 8. Klasse — hast du uns alle über deine Krankheit informiert. Du standst da, ans Pult gelehnt, den Blick auf den Boden gerichtet, und sagtest mit leiser, brüchiger Stimme das, was viele nicht wahrhaben wollten: „Ich bin magersüchtig." Und genau in diesem Moment fließen deine Tränen dein Gesicht hinunter. Annika, meine Annika, auf der einen Seite so stark, dass sie sich ihre Krankheit endlich eingesteht und sich traut, allen die Wahrheit zu sagen. Aber auf der anderen Seite so gebrechlich, dass sie sich nicht mal mehr alleine auf den Beinen halten kann. Um mich herum begannen die Ersten zu weinen. Ich saß einfach nur da — völlig perplex. Und plötzlich spielen sich alle Szenarien wieder in meinem Kopf ab. Magersucht — die Erklärung für alle meine Fragen. Warum sie so negativ darauf reagiert hat, als sie immer wieder auf ihre dünne Figur angesprochen wurde. Warum sie nach einem kleinen Stückchen Pizza schon satt war. Warum sie niemanden mehr an sich rangelassen hat. Magersucht.

Als ich dich in den Arm nahm, begann auch ich zu weinen. Trauer, Wut, Angst und Schuldgefühle überkamen mich.

Seitdem nahmen wir uns wieder mehr Zeit füreinander. Ich schätzte unsere Gespräche sehr. Ich konnte dich alles, was ich wissen wollte, fragen. Es tat gut, wieder zu wissen, wie es dir ging. Ich weiß, ich war nicht immer hilfreich, aber einfach die gemeinsame Zeit und dass ich dir zuhören durfte, gaben mir ein gutes Gefühl. Ich war dankbar für dein Vertrauen und dafür, dass ich dich so lange bei dem Prozess begleiten durfte. Annika, dein Lächeln ist mir heute immer noch unfassbar viel wert, und ich denke noch oft an dich. Du bist nicht allein.

Es gibt Fragen, die ich mir damals gestellt habe, auf die ich bis heute keine Antwort habe:

- Wie konnte das passieren?
- Warum ausgerechnet du?
- Wieso habe ich es nicht früher gemerkt?
- Was habe ich falsch gemacht?
- Hätte ich dich aufhalten können?
- Warum haben deine Eltern nicht rechtzeitig eingegriffen?

Manchmal schwirren die Fragen noch in meinem Kopf herum, aber mit der Zeit habe ich gelernt, dass ich nichts hätte ändern können, dass ich mir nicht die Schuld für das, was passiert ist, geben muss und dass alles so passieren musste, wie es passiert ist.

Tim

Wer denkt, dass Leute, die an Magersucht erkrankt sind, nur Aufmerksamkeit wollen, täuscht sich. Magersucht sucht man sich nicht aus, denn es ist meiner Meinung nach eine der schlimmsten Krankheiten, die es gibt. Sie zerstört das ganze Leben der betroffenen Personen. Sogar viel schlimmer, sie nimmt einem das Leben, denn für die Leute gibt es kein wirkliches Leben mehr! Sie raubt einem jegliche Freude, denn alles dreht sich nur noch um das Thema Essen ...

Man sollte Magersucht wirklich nicht auf die leichte Schulter nehmen, denn es ist sehr anstrengend und zerrt oft an den Nerven ... für den Betroffenen und für die Angehörigen.

Aber wenn man so eine Zeit dann irgendwie zusammen meistert, schweißt das unglaublich zusammen. Dennoch wird in diesem Moment alles auf die Probe gestellt. Man muss aufpassen, dass man nichts Falsches sagt, was die Betroffenen irgendwie verletzten könnte, aufpassen, dass man nicht zu viel Druck ausübt. Es sind ganz viele Dinge, auf die man aufpassen muss.

Doch manchmal passiert etwas in deinem Leben, und alles ändert sich schlagartig. Genauso war es bei mir. Durch Zufall habe ich Annika kennengelernt, und mein ganzes Leben hat sich geändert. Doch was genau auf mich zukam, wusste ich zu diesem Zeitpunkt noch nicht ... Ich habe mit ihr geschrieben, wir haben uns supergut verstanden, und durch Zufall kam es dann auch ganz spontan zu einem Treffen. Zu diesem Zeitpunkt war mir bereits bekannt, dass Annika in einer Klinik war, da sie mir gesagt hatte, dass sie ein Problem mit dem Essen hat. Aber auch da habe ich mir nichts dabei gedacht, denn ich kannte es selbst, dass es Tage gab, wo man einfach weniger aß als sonst. Man hatte Stress oder war den ganzen Tag unterwegs, für mich ganz normal.

Und dann kam es auch schon schneller als erwartet zu einem Treffen.

Wir haben die ganze Zeit geredet, zusammen gelacht und einfach den Moment genossen. Man sah ihr an, dass sie wirklich glücklich war. Ihr Lachen war nicht nur gespielt, denn auch das würde in Zukunft an einigen Tagen vorkommen. Als wir miteinander redeten, stellte ich ihr viele Fragen zum Thema Essen. Es interessierte mich, wie es dazu kommen konnte beziehungsweise wie sie das alles machte. Und sie war mir gegenüber sehr offen und beantwortete jede Frage, aber es war kein wirklich ernstes Gespräch. Natürlich war das Thema ernst, sehr ernst sogar, aber es gab immer wieder Moment, in denen wir trotzdem lachen mussten. Schon wenige Tage später trafen wir uns erneut, und es war ein wundervoller Tag.

Irgendwann kamen wir dann zusammen, und alles war gut. Sie war glücklich, hat gegessen und unglaublich viel gelacht. Und für mich war es so unglaublich schön, das alles zu erleben. Denn sie hatte mir oft erzählt, dass sie oft weinte, weil sie keine Kraft mehr zum Kämpfen hatte, und am liebsten einfach aufgegeben hätte. Genau aus diesem Grund war es für mich so schön, das alles mit ihr gemeinsam zu erleben.

Aber man hat die meiste Zeit nicht annähernd gedacht, dass sie an Magersucht erkrankt ist. Wir haben so oft Pizza oder Döner gegessen oder sind mit einer Freundin von ihr zu McDonalds gefahren. Und sie war glücklich! Sie saß nicht irgendwie vor einem Burger und hat im Kopf überlegt, wie ungesund er jetzt ist, nein! Sie war am Lachen und hat einfach gegessen ,und das nicht gerade wenig, was sehr gut war und mich sehr glücklich gemacht hat. Trotzdem weiß jeder, dass dies nicht gerade die gesündeste Ernährung ist, und für mich war es nicht so leicht, da ich eigentlich abnehmen wollte. Aber ich merkte schnell, dass diese „Kombination" nicht gut gehen würde: Eine Person, die zunehmen soll, und eine, die abnehmen will beziehungsweise muss, das geht nicht gut, zumindest nicht, wenn man darüber redet.

Ich erinnere mich an den Tag, wo ich ihr morgens ganz stolz erzählt habe, dass ich recht viel abgenommen habe, und kurz darauf folgte auch die Nachricht von ihr dass es ihr nicht gut gehe. Ich bin den Abend noch zu Ihr gefahren, um mit ihr zusammen zu essen, da ihre Eltern nicht da waren, und dann haben wir darüber gesprochen, und sie hat versucht, es mir zu erklären. Doch dieser Tag war schwieriger als die anderen. Ihr ging es nämlich so schlecht, dass sie nicht einmal das Essen angerührt hat.

In dem Moment habe ich nichts dazu gesagt, weil ich gemerkt habe, dass es ihr wirklich nicht gut geht, und wir haben einfach dagesessen.

Ein Sprichwort, das sehr gut passt, lautet: „Nur redenden Menschen kann geholfen werden." An sich stimmt das, aber in diesem Fall würde ich es nicht immer so sagen, weil ich es selbst erlebt habe. Manchmal ist schweigen für einen Moment besser als reden. Denn genau das sind Momente, in denen man aufpassen muss, was man sagt. Hätte ich in dem Moment so was wie „Du musst essen, sonst musst du bald wieder in eine Klinik" gesagt, wüsste ich nicht, was dann passiert wäre, wahrscheinlich hätte sie noch viel mehr geweint als ohnehin schon.

Doch als sie aufgehört hat zu weinen, habe ich langsam mit ihr gesprochen und gehofft, dass ich keine Worte sage, die sie verletzen. Danach hat sie etwas gegessen, einen Apfel oder einen Joghurt, glaube ich, einfach dass sie etwas im Magen hatte und wir beide kein schlechtes Gewissen haben mussten, denn sie wollte diese Krankheit ja besiegen!

Ich meine, eigentlich ist es ja klar, dass man einer Person, die zunehmen muss und für die das total schwer ist, nicht unter die Nase reibt, dass man selbst viel abgenommen hat, weil man mehr auf den Rippen hat. Aber das sind so Momente, in denen man gar nicht darüber nachdenkt, sondern einfach was sagt, wie man das bei gesunden Leuten auch machen würde. Und solche Momente gab es öfter, weil man mit der Zeit verdrängt hatte, dass sie an dieser Krankheit erkrankt war, eben aus dem Grund, dass es ihr einfach gut ging. Denn sie hat viel gelacht, und ich meine: wirklich gelacht, nicht einfach so, dass alle denken, es sei alles gut, sondern ihr ging es wirklich gut. Daher verdrängt man es ganz schnell, aber wenn es dann mal anders ist, wird einem wieder bewusst, um was es eigentlich geht … nämlich um das Überleben der betroffenen Person, wenn man es ganz hart ausdrückt.

Die Momente oder eher gesagt Tage, in denen es ihr dann nicht gut ging, waren auch alles andere als leicht! Ich erinnere mich an eine Zeit, in der es wieder sehr schlimm war. In der Zeit hatten wir nicht wirklich viel Kontakt, aber durch eine Freundin habe ich vieles mitbekommen. Es ging ihr wirklich überhaupt nicht gut, denn sie hat wieder fast nichts gegessen und viel abgenommen.

Als ich das mitbekommen habe und sie nach zwei Wochen wiedergesehen habe, hab ich mich erschrocken. Ich hatte das Bild im Kopf, wie sie noch vor einigen Wochen aussah, und dann das, wie sie nun wieder aussah. Ich konnte gar nicht viel dazu sagen, weil ich einfach nur geschockt war, wie krass diese Krankheit doch sein konnte. Das Einzige, was ich in dem Moment gesagt habe, war: „Ich glaube, wir sollten mal wieder essen gehen, oder?" Und man hat in ihren Augen gesehen, dass sie irgendwie erleichtert war, so als hätte sie darauf gewartet.

Und ich glaube, das war der Punkt, jedenfalls die meiste Zeit, wenn es ihr schlecht ging. Das Essen an sich war im „Normalfall" nicht das Problem, sondern das Alleineessen! Dass sie alleine dasitzen musste und keiner dabei ist.

Aber die Krankheit kann sie nur alleine besiegen, und von daher muss man dann auch mal alleine essen, sich Essen machen und das alles, aber ich kann gut nachvollziehen, dass es anfangs schwer ist, und ich glaube, sie war auch ganz froh, dass jemand da war, der mit ihr gegessen hat.

Mittlerweile haben wir nur noch wenig Kontakt, aber ich habe mitbekommen, dass es noch sehr oft Phasen gibt, in denen es ihr nicht gut geht. Aber sie ist, soweit ich weiß, glücklich mit ihrem Leben, auch wenn das Essen noch nicht ganz so toll funktioniert. Ich hoffe, dass sie noch einmal schafft, was sie damals geschafft hat. Und ich bin mir auch ganz sicher, dass sie es schaffen kann, wenn sie es wirklich will, denn sie ist ein unglaublich starker Mensch.

Karin – Trainerin

Ich kenne Annika, seitdem sie mit drei Jahren regelmäßig zu mir in die Sportstunde kam. Wenn ich Annika beschreiben soll, fallen mir folgende Stichworte zu ihr ein: ruhig, zurückhaltend, teilweise schüchtern, angepasst, ehrgeizig, zielstrebig und immer zu allen freundlich. Erstmals ist mir etwas an Annikas Essverhalten im Herbst 2014 aufgefallen. In einer Ferienfreizeit unseres Sportvereins betreute ich das Haus, in dem auch Annika mit ihren Freundinnen untergebracht war. Ich bemerkte, dass Annika bei den Mahlzeiten sehr langsam aß. Sie war auch dünn, aber die meisten ihrer Freundinnen hatten eine ähnliche Figur, sodass ich mir nichts dabei gedacht habe. Ab da an kam es beim Training immer öfter vor, dass es Annika schwindelig wurde und sie sich auf die Bank setzte. Aber auch das schob ich auf Dinge wie Schulstress und Pubertät. Man sah durch ihre figurbetonte Kleidung, dass sie von Woche zu Woche dünner wurde. Sie war stolz darauf, das merkte man ihr an. Da ich in meiner Jugend auch sehr schlank war, ist mir zu dem Zeitpunkt nicht der Gedanke gekommen, dass der Grund für ihr Abnehmen eine Essstörung hätte sein können. Annika war ein hübsches, liebes, nettes und ausgeglichenes junges Mädchen. Sie hatte viele Freundinnen und kam aus einem guten Elternhaus. Mir kam nicht in den Sinn, dass so jemand unter diesen Umständen eine psychische Störung haben könnte. Aber trotzdem blieben meine Gedanken immer öfter daran hängen. Im Januar 2015 hatte Annika während einer Trainingseinheit erneut mit ihrem Kreislauf zu kämpfen. Nick, zu dem sie ein sehr gutes Verhältnis hatte, ging mit ihr nach draußen an die frische Luft. Als die beiden nach einiger Zeit wieder hereinkamen, kam Nick auf mich zu und bat mich um Hilfe. Ich ging mit Annika zusammen in eine der Kabinen und sprach mit ihr. Als ich sie nach einer Weile mit meinem Verdacht, dass sie eine Essstörung habe, konfrontierte, brach sie in Tränen aus. Meine Vermutung hatte sich bestätigt. Jedoch vermied ich das Wort „Magersucht". Sie erzählte mir auch, dass sie noch nicht den Mut gehabt hatte, mit ihren Eltern zu reden. Sie war völlig hilflos. Sie sagte mir, dass sie gerne wieder mit dem Abnehmen aufhören wollte, aber es nicht schaffte. Ich fühlte mich in diesem Augenblick total überfordert und wollte nichts falsch machen, aber ihr auf der anderen Seite auch in irgendeiner Weise helfen. Ich versprach ihr, den anderen nichts von ihrem Problem zu erzählen. Zu Hause ließen mich die Gedanken an Annika nicht mehr los. Ich verstand nicht, warum ausgerechnet sie davon betroffen sein sollte. In all den Jahren, in denen ich sie kennenlernen durfte, ist Annika mir immer mehr ans Herz gewachsen. Nach zwei schlaflosen Nächten stellte ich mir die Frage: „Was würde ich als Mutter von jemandem erwarten, der wusste, dass mein Kind an einer Sucht litt, die tödlich enden könnte? Ich entschied, dass ich es definitiv würde wissen wollen. Somit beschloss ich am Samstagmorgen, bei Annikas Eltern anzurufen. Da ich ihre Eltern schon lange kannte, ging ich davon aus, dass sie mit der Situation ruhig und vernünftig umgehen würden. Als ich bei ihnen anrief, hatte ich auch sofort ihre Mutter am Telefon. Ich erzählte ihr von dem Vorfall während des Training, am Donnerstag und von meinem Gespräch mit ihrer Tochter. Auch ihrer Mutter äußerte mir gegenüber, dass auch sie schon den Verdacht gehabt hätte. Sie bedankte sich bei mir, und ich bat sie, Annika nichts von meinem Anruf zu sagen. Ich fühlte mich nach dem Gespräch sehr erleichtert. Dennoch weiß ich heute, dass es falsch war, Annikas Vertrauen zu missbrauchen. Einige Wochen später habe ich mich bei Annika dafür entschuldigt und rechne es ihr hoch an, dass sie danach immer noch offen mit mir gesprochen hat. Da mittlerweile auch immer öfter in der Gruppe hinter ihrem Rücken über sie getuschelt wurde, fasste Annika einen Entschluss, den ich sehr mutig fand. Annika setzte sich mit Nick an ihrer Seite vor die Gruppe und erzählte allen von ihrem Problem. Ich bin Annika sehr dankbar gewesen, dass sie in Zukunft trotzdem noch mit mir über ihre Fortschritte und Rückschläge geredet hat. Nach dem Vertrauensbruch habe ich mich ihr gegenüber sehr schlecht gefühlt und kann mir meinen Fehler bis heute nicht verzeihen. Eine lange Zeit hatte Annika eine Sonderstellung bei mir in der Gruppe. Ich habe mich vor sie gestellt, wenn die anderen mir gegenüber ihren Unmut geäußert haben. Das ist jetzt nicht mehr so. Annika ist durch den Kampf gegen ihre Krankheit viel selbstbewusster geworden und hat wieder eine Figur, die nicht mehr der eines Skeletts gleicht. Annika sieht heute wieder lebendig aus, und man merkt, dass sie wieder Freude am Leben gefunden hat.

Nick

„Für mich ist Essen eine der schlimmsten und unangenehmsten Sachen, die es gibt ..."

Das ist ein Teil einer Nachricht, die Annika mir vor über drei Jahren geschickt hat. Für mich ist Essen eines der Highlights meines Tages. Es ist, vorausgesetzt man kann kochen, ein wundervolles Geschmackserlebnis. Man kann mit Familie und Freunden zusammenkommen, gemeinsam Zeit verbringen und essen. Ich hätte mir vor vielen Jahren nicht einmal vorstellen können, dass es Menschen gibt, die nicht essen wollen oder es nicht können. Doch in genau diesem Alter war Annika, als ich sie kennengelernt habe. Sie war jung, sportlich und immer gut gelaunt. Zwar ein wenig zurückhaltend und schüchtern, aber immer nett und freundlich.

Ich kann behaupten, ich war von Anfang an dabei. Habe sie in Zeiten gekannt, als sie noch ein Mädchen war. Doch irgendwann konnte man erkennen, dass diese Zeiten vergehen. Sie wurde dünner und schwächer, genau kann ich mich nicht mehr daran erinnern. Irgendwas hat sie damals fertiggemacht, und ich war eine der ersten Personen, die von ihr gehört haben, dass sie nicht mehr essen möchte. Ich habe ihr beigestanden, habe mich um Kopf und Kragen geredet, um sie zu trösten, aus trüben Momenten herauszuheben. Ich tat mein Bestes, ich war für sie da, wenn sie jemanden zum Reden brauchte und jemanden, vor dem ihre Tränen egal waren.

Es schien nicht genug zu sein. Sie wurde immer trauriger und schadete sich selber. Ich war nie der Mann der direkten Worte, am besten sprach ich um alles herum, nie eindeutig, aber hoffentlich verständlich. Ich sprach in Bildern und Metaphern, in der Hoffnung, sie würde verstehen, es einsehen, was sie tut, und in der Hoffnung, ihr irgendwie zu helfen.

Im Nachhinein hoffe ich, dass es ihr mehr geholfen als geschadet hat. Ich weiß, dass sie so manch einen Spruch wie ein ewiges Gebet sich immer wieder in den Sinn gerufen hat. Wenn ich mich nicht irre, handelte das Ganze von ihr als Kuchen. Ich habe viel geredet, viel gesagt und damit versucht zu helfen. Jedes positive Wort war ernst gemeint und hat sie dennoch nicht gerettet.

Es war nicht leicht für mich: alleine mit so vielen Informationen und Verantwortung für einen anderen Menschen. Irgendwann konnte ich mit ihren Eltern und anderen Personen darüber sprechen. Es hat mir ein Teil der Last der Verantwortung genommen, sie auf mehrere Schultern verteilt, um ihr, so gut es uns möglich war, beizustehen. Damit sie gesund würde.

Ich hatte keine Ahnung, wie es ihr dabei ergangen ist. Ihr ging es beschissen. Sie sagte es selten, meistens konnte ich es ihr aber ansehen. Sie bat mich, Zeit mit ihr zu verbringen. Man merkte, dass sie allein meine Anwesenheit beruhigte. Doch sobald ich weg war, war ich mir bewusst, wäre alles beim Alten. Sie würde in den Spiegel schauen und dort nicht sich selbst sehen, wie wir anderen sie sahen. Sie würde jemanden sehen, der sie nicht sein wollte. Das hat sie fertiggemacht und alle Beteiligten.

Es war eine Mischung aus Erleichterung, Hoffnung und ein wenig Angst, als sie in stationäre Behandlung kam. Es war ihre Chance, das Ganze zu überleben. Sie hatte eine professionelle Psychologin, die ihr besser half, als ich es konnte. Das Ende der ganzen Geschichte war noch offen. Von da an, glaube ich, haben wir nicht mehr allzu häufig gesprochen. Sie war in meinen Augen dort in besseren Händen, auch wenn sie mit in meinen Augen zweifelhaften Ansichten zurückkam.

Sie sah danach besser aus, das war die Hauptsache. Mir war von Anfang an bewusst, dass ich einen Teil von mir geben müsste, um ihr zu helfen. Zu dem Zeitpunkt habe ich gedacht, dass es jetzt bergauf gehen würde.

Ich habe ihr das Beste gewünscht: Lebensfreude.

Wir haben uns dann immer weiter distanziert. Ich bin weggezogen, war nicht mehr in ihrer Nähe, konnte ihr nicht mehr helfen und war am Ende schuldig am ganzen Dilemma.

Es hat mich fertiggemacht, als sie mir gesagt hat, dass es meine Schuld sei. Es fielen einige unschöne Wörter, es war ein schreckliches Gespräch. Ich hatte alles gegeben, um zu helfen, und ich war entsetzt, wie mir das gedankt wurde.

Doch jeder macht einmal Fehler. Ich weiß nicht mehr, wie lange es gedauert hat, jedoch hat sie sich nach einigen Monaten bei mir entschuldigt. Ich war angepisst, aber Fehler sollten einem verziehen werden.

Ich bin sehr froh, dass es ihr jetzt besser geht. Der Kontakt ist wiederhergestellt, wenn auch unregelmäßig, aber das liegt an mir. Das Ganze hätte eine ganz andere Richtung nehmen können, und diese Zeilen wären nie entstanden. Vertrauen muss man herstellen und erhalten — auf beiden Seiten.

Ich freue mich, dass Annika wieder positiv über das Essen reden kann, dass sie zumindest teilweise wieder Spaß daran hat. Ich freue mich, dass sie noch da ist und sie sich nicht der Magersucht ergeben hat.

Lara

Ich denke, das, was ich jetzt schreibe, wird nicht schön wie ein Roman oder gruselig wie ein Krimi, nein, es wird tiefgründig und erschreckend, weil es die Wahrheit ist. Die nackte Wahrheit, die nicht viele Leute kennen. Das, was ich jetzt aufschreibe, wird dich erschrecken, liebe Annika, aber du hast es dir von mir gewünscht, und deswegen werde ich deinem Wunsch nachkommen.

Ich weiß jetzt schon, dass du dich schuldig fühlen wirst für alles, was ich zu sagen habe, aber du hast an nichts Schuld. Denn du hast dir diese Krankheit nicht ausgesucht, und du fällst mir damit nicht zur Last, wie du immer denkst. Nein, jeder Schritt, den wir gemeinsam geschafft haben, macht mich unendlich glücklich, und ich bin stolz auf dich. Also sieh das Ganze als eine Art Geschichte, die dich motiviert weiterzumachen. Als deine beste Freundin bin und werde ich immer für dich da sein.

Ehrlich gesagt weiß ich selber nicht, wo ich anfangen soll, denn es gibt so viel zu sagen, und so viele Gedanken schwirren in meinem Kopf umher und es ist schon so unendlich viel passiert. Aber ich denke, ich fange dann mal ganz von vorne an.

Zwei ganze Jahre ist es nun schon her, dass diese Krankheit offiziell ein Teil deines Lebens ist. Aber das war nicht der Anfang meiner Sorgen. Vor ungefähr drei Jahren waren wir 13 Jahre alt, haben uns an Schminke ausprobiert und mit Puppen gespielt, na ja, so ungefähr, und hatten keine Sorgen. Na ja fast keine Sorgen. Damals war ich noch nicht deine beste Freundin, aber wir hatten schon immer viel miteinander zu tun. Anfangs hat niemand etwas davon gemerkt, dass du krank warst. Welches 13-jährige Mädchen denkt denn schon an so etwas? Na ja aber diese Krankheit kann man nicht verstecken. Mit der Zeit wurdest du immer dünner und hast in der Schule kaum noch was gegessen. Aber sonderlich unnormal fand das keiner. Bis dann die Zeit kam, in der du anfingst, nur noch kleine Tomaten zu essen, und dann hast du angefange,n sie uns anzubieten. Wir haben sie immer alle gerne gegessen, aber du irgendwann nicht mehr. Du hast gar nichts mehr gegessen, und wir haben dir auch noch die Tomaten weggegessen. Im Nachhinein fühle ich mich dafür sehr schuldig. Wirklich haben wir nichts von deiner Krankheit gemerkt, und dann haben wir dir auch noch dein bisschen Essen weggegessen. Das hat mich, nachdem ich von deiner Krankheit erfahren hatte, immer fertig gemacht. Naja, weiter im Geschehen: Irgendwann fingen die Gerüchte an, und es wurde darüber geredet, wie dünn du bist. Alle haben es gesehen und haben geredet, aber du hast es geleugnet und meintest, wer überhaupt auf so eine Idee kommen würde und dass du vollkommen gesund seist. Wir haben angefangen, uns Sorgen zu machen, und wollten, dass du mehr isst, aber das hast du natürlich nicht getan. Die Zeit verging, du hast immer weitere Klamotten getragen, um deine Figur zu verstecken, und nichts mehr gegessen. Du hast davon geredet, dass du nur noch vier Kilogramm von deinem Traumgewicht entfernt bist. Damals wolltest du grade mal 45 kg wiegen. Ich denke, das war der Zeitpunkt, an dem wir verstanden haben. Das war nicht mehr normal, du hast nichts mehr gegessen und wolltest dieses Gewicht erreichen. Aber dennoch hast du alles geleugnet und für normal empfunden. Du hast uns allen eingetrichtert, dass dieses Gewicht absolut nicht schlimm sei. Wir waren jung, gerade mal 13, und wussten nicht, was zu tun ist. Bis du dich dann kurz vor den Sommerferien 2015 vor die Klasse gestellt hast. Diesen Moment werde ich niemals vergessen.

Du standst vorne vor dem Lehrerpult und sagtest mit einem Lächeln im Gesicht, dass du etwas zu sagen hättest, wir alle sahen dich gespannt an. Dann hast du gesagt: „Ich weiß gar nicht, wie ich euch das jetzt sagen soll, aber ich bin krank", und die ersten Tränen haben sich aus deinen nassen Augen gelöst. „Ich habe Magersucht, das ist eine Krankheit, bei der man sich selber total dick fühlt und nichts mehr isst, obwohl man schon viel zu dünn ist. Ich war beim Arzt, und es hat sich herausgestellt, dass ich seit einem halben Jahr krank bin." Die Tränen flossen nur so über dein Gesicht, und du konntest kaum reden, niemand hat etwas gesagt, es war totenstill, und meine Augen wurden feucht, als ich realisierte, was du gerade sagtest. „Ich muss in eine Klinik, die mir beim Essen helfen, nach den Sommerferien werde ich dort aufgenommen und mir wird geholfen. Aber danach komme ich hoffentlich gesund wieder." Keiner hat etwas gesagt, du standst vorne und hast geweint, und auch ich habe angefangen zu weinen. Viele aus unserer Klasse waren erschüttert, und dann sind alle aufgestanden und haben dich in den Arm genommen und geweint. Die ganz Klasse hat mit dir und um dich geweint. Du musstest weg in eine Klinik, und ich hatte so Angst um dich. Na ja, die nächsten Monate habe ich nicht viel von dir gehört — es waren Ferien, in der Schule warst du nicht mehr —, bis du auf unseren Brief geantwortet hast. Du meintest, dir geht es gut.

„Leider kann ich noch nicht wieder bei euch sein, da ich kurz vor Ferienende meinen Aufenthalt in der Klinik antreten musste. Aber ich weiß jetzt schon, dass meine Entscheidung die richtige war und ich hier sehr gut aufgehoben bin. Ich hoffe, dass ich sehr schnell wieder gesund werde, denn ich vermisse meine supertolle Klasse sehr. Trotzdem weiß ich zum jetzigen Zeitpunkt noch nicht, ob ich an unserer Klassenfahrt nach Hamburg teilnehmen darf bzw. kann. Ich würde mich natürlich sehr freuen, wenn es klappen würde, weiß aber auch, dass es nach meiner Entlassung hier eine große Herausforderung sein wird, die Krankheit für immer zu besiegen." –

Das ist ein Teil aus dem Brief, den du beim ersten Klinikaufenthalt für uns geschrieben hast, den ich immer noch aufbewahrt habe. Doch aus deinen Worten wusste ich, dass das Ganze nicht leicht werden würde. Ich hatte mal wieder Tränen in den Augen und wusste, dass wir dich so schnell nicht wiedersehen würden. Auch auf Klassenfahrt bist du leider nicht mitgekommen.

Nach den Herbstferien bist du dann wieder in die Schule gekommen. Eine Ewigkeit haben wir uns nicht gesehen, und trotzdem war alles wie früher. Du hattest dich erholt und bist langsam in den Schulalltag zurückgekommen. Wir haben viel über deine Krankheit geredet, um es zu verstehen. Aber es war anders als früher, ich wusste nicht richtig, wie wir mit dir umgehen sollten in Bezug auf dein Essverhalten. Wir alle hatten Angst, etwas Falsches zu sagen, was dich verletzen könnte. Deswegen haben wir in unserem Freundeskreis entschieden, das Thema „Essen" zu einem Tabuthema zu machen. Keiner hat in deiner Gegenwart über Kalorien, Essen oder Sonstiges geredet. Wir haben es alle verschwiegen, um dich zu schützen. Trotzdem wusste ich, dass ich dich ab jetzt nicht mehr alleine lassen würde. Auch wenn ich mit dir nicht über dein Essen geredet habe, habe ich dich beobachtet. Ich habe jeden Tag in der Schule darauf geachtet, dass du etwas isst. Am Anfang lief das gut, du warst frisch aus der Klinik zurück und schienst wie geheilt. Zumindest für die meisten. Ich wusste, dass es schwer war für dich zu essen, und war umso glücklicher, wenn du wenigstens ein bisschen was gegessen hast. Du hast nie gemerkt, wie Pia und ich dich kontrolliert haben, ob du genug isst. Ich denke, das war am Anfang auch besser so.

Weißt du was: Ich habe dich immer dafür bewundert, wie du probiert hast, allen zu erklären, was das für eine Krankheit ist und wie stark du dabei warst. Es war für dich nicht einfach, darüber zu reden, aber du hast es probiert. Für die meisten Menschen in unserer Schule warst du dann irgendwann nicht mehr wirklich krank, aber Pia und ich haben nie aufgehört, dich zu kontrollieren. Alles verlief in Ordnung, bis ein Mensch kam, der dich kaputtgemacht hat. Ich werde seinen richtigen Namen hier nicht nennen, deswegen heißt er einfach Alex.

Wir waren 14, und Jungs wurden interessant. Damals hatten wir unsere Mädels-Clique und die Jungs-Bande. Wir haben oft zusammen gefeiert oder einfach nur gechillt. Auf jeden Fall war Alex in dieser Jungs-Bande, und auf einer Party haben Annika und er sich geküsst. Danach war Annika so glücklich, wie ich sie schon lange nicht mehr gesehen hatte. Denn sie war schon länger in Alex verliebt. Doch Alex hat nur mit ihr gespielt. Er wollte nichts von ihr und hat ihr falsche Hoffnungen gemacht. Das war der Zeitpunkt, an dem alles kaputtging. Durch die Krankheit hat Annika alles auf sich geschoben und glaubte, dass sie zu fett für Alex sei. Deswegen hat sie angefangen, wieder weniger zu essen, und wir haben es gemerkt. Aber was sollten wir tun …? Wir haben probiert, mit ihr zu essen, ihr Essen anzubieten, sie zu überreden, aber es hat nichts gebracht.

Und das ist der Punkt, den ich am meisten an dieser Krankheit verabscheue. Ich kann Annika nicht helfen. Ich werde ihr nie helfen können. Denn ein magersüchtiger Patient muss selber essen wollen, sonst geht er an der Krankheit zugrunde. Natürlich habe ich ihr geholfen, indem ich für sie da war. Aber damit habe ich kaum was erreicht. Annika würde jetzt sagen, du bist mir immer die größte Hilfe, und ich brauche dich, aber trotzdem kann ich ihr niemals wirklich helfen. Ich weiß nicht, ob man versteht, was ich meine, aber wenn jemand Krebs hat und eine Knochenmarkspende braucht, dann könnte ihm, wenn alles gut läuft, geholfen werden. Aber Annika kann ich nicht einfach so helfen. Niemand kann das, weil sie selber essen wollen muss und das ist unglaublich schwer. Denn die Stimme in ihrem Kopf zwingt sie dazu, nichts mehr zu essen. Es ist für sie ein Kampf zwischen Krankheit und Leben. Und ich kann nichts für sie tun, ich kann ihr nicht helfen. Ich kann nur für sie da sein.

Zurück zur Geschichte: Annika hat wegen Alex weniger gegessen, und wir konnten es nicht aufhalten. Irgendwann haben wir dann sogar mit ihren Eltern geredet, und schlussendlich musste sie wieder zurück in die Klinik.

Diesmal war es anders, sie wusste, dass sie es schon einmal nicht geschafft hatte, und sollte es nun schaffen. Bevor sie in die Klinik ging, hat sie sich jedoch verändert. Alex hat sie verändert. Durch die Krankheit hat sie keine Gefühle mehr zugelassen. Ihr Herz wurde zu einem eiskalten, schweren Stein und sie tat Dinge, die man nicht immer nachvollziehen konnte. Aber ich habe sie glücklich gesehen und das war das Einzige, was für mich zählte.

Annika musste in die Klinik. Also war sie wieder weg. Diesmal standen wir aber in Kontakt zueinander, und ich konnte ein bisschen für sie da sein. Es war hart für sie, sehr hart, und sie konnte die Krankheit nur schwer zurückstecken.

Wir haben sie in der Klinik besucht, und es war schrecklich, man fühlt sich dort wie in einem Gefängnis. Es war schön, sie wiederzusehen und für sie da zu sein. Trotzdem war es auch einer der unschönsten Tage in meinem Leben, denn Annika hat mir erzählt, dass sie noch länger in der Klinik bleiben möchte, weil es ihr noch nicht wieder gut geht. Sie hat gesagt: „Lara, ich weiß gar nicht, ob ich gesund werden möchte." ...

„Die Krankheit ist ein Teil meines Lebens, ohne sie fehlt mir ein Stück. Ich weiß nicht, ob ich ohne die Krankheit leben kann."

Ich weiß das klingt verrückt, aber ich habe sie verstanden. Annika kann sich ein Leben ohne die Krankheit nicht vorstellen. Wenn sie nicht mehr darüber nachdenken kann, was und wie viel sie isst und ob sie überhaupt essen soll und so weiter, worüber soll sie dann nachdenken. Ich denke, man kann das nicht beschreiben, man versteht es nur, wenn man es selber erlebt oder miterlebt hat.

Deswegen kann ihr auch niemand helfen, weil sie es in ihrem Kopf wollen muss. Seitdem weiß ich, dass ich nicht ihre Krankheit besiegen muss, sondern ihr das schönste Leben mit der Krankheit ermöglichen muss.

Annika hat ihren Aufenthalt in der Klinik dann noch um zwei Monate verlängert. Währenddessen hat sie einen besonderen Menschen kennengelernt. Tim. Tim und Annika waren acht Monate zusammen, und in diesen acht Monaten hat sie angefangen zu essen. Tim hat sie verstanden und sie geliebt. Er hat ihr geholfen, die Krankheit ein Stück weit zu überwinden. Annika hat wieder Fleisch gegessen und hat sogar mit uns bei McDonald gegessen. Natürlich nie richtig viel, aber sie hat einfach gegessen. In der Schule und in unserer Freizeit haben wir viel geredet und das Thema Essen nicht mehr totgeschwiegen. Sie wusste, dass ich sie beim Essen kontrolliere. Na ja, aber sie weiß nicht, wie glücklich ich immer bin, wenn ich sie essen sehe. Diesen Glücksmoment kann ich gar nicht beschreiben, aber immer wenn sie isst, ist das ein Schritt gegen ihre Krankheit. Ich denke, durch ihre Beziehung mit Tim hat sie verstanden, dass sie geliebt werden kann und es hat ihr geholfen. Ich weiß nicht, was ich ohne Tim gemacht hätte, denn ich konnte ihr nicht wirklich helfen. Tim ist kein Teil mehr von Annikas Leben, und das ist auch besser so, trotzdem bin ich ihm unendlich dankbar für das, was er mit Annika gemacht hat. Er hat sie ein Stück Richtung Leben gebracht.

Heute bin ich an einem Punkt angekommen, an dem ich weiß, dass diese Krankheit schrecklich ist. Es scheint, als könnte man nicht wirklich helfen, aber ich denke, indem man da ist, tut man schon sehr viel. Annika hat mir in einem Brief Folgendes geschrieben:

„Dieses kleine Stück Papier würde nie ausreichen, um dir zu sagen, wie viel du mir bedeutest. Du kennst mich so gut wie fast kein anderer Mensch in meinem Leben, und das bedeutet mir unendlich viel. Obwohl du neben meinen guten Seiten auch meine schlechten Seiten kennst, bist du trotzdem immer bei mir geblieben und warst eine Stütze, an der ich mich festhalten konnte. Ich weiß, dass es nicht selbstverständlich ist, dich zu haben."

Auch wenn ich ihr niemals die Last dieser Krankheit nehmen kann, werde ich immer für sie da sein, um ihr ein Stück Leben zu geben.

Ich weiß, dass Annika immer mit dem Kampf zwischen Leben und Krankheit leben wird, aber ich hoffe, dass sie es, eines Tages schafft, nicht mehr über das Essen nachzudenken.

In ihrem Leben wird es immer gute und schlechte Zeiten geben, in denen sie rückfällig wird, aber mein Ziel ist es, die guten Zeiten überwiegen zu lassen, damit wir die schlechten gemeinsam durchstehen können. Diese Krankheit ist und bleibt ein ständiger Kampf, aber diesen Kampf muss niemand alleine durchstehen.

Und auch wenn man denkt, es geht nicht mehr, wird es immer weitergehen. Es gab mal einen Punkt, an dem ich dachte, dass ich sie verliere. Ich wusste nicht mehr, was ich tun sollte. Sie hat nichts gegessen, und ich konnte nichts dagegen tun. Ich dachte, sie würde an dieser Krankheit sterben und ich würde sie verlieren. Aber das habe ich nicht, sie hat es geschafft!

Sie ist dazu in der Lage zu essen, und auch wenn ich weiß, dass sie niemals so genüsslich eine fettige Pommes essen wird, kann sie damit leben. Das meine ich mit dem Kampf zwischen Leben und der Krankheit.

Jeder Mensch, der diese Krankheit probiert zu besiegen, verdient meinen vollsten Respekt, denn Magersüchtige suchen keine Aufmerksamkeit, wie viele denken. Magersucht ist eine schreckliche Krankheit, die bis in den Tod führen kann.

Annika ist für mich das stärkste Mädchen, das ich kenne; sie hat und kämpft immer noch gegen die Krankheit an, aber sie gibt niemals auf. Sie hat schon so viel erreicht und ist schon so oft wieder aufgestanden, und ich bin unglaublich stolz auf sie.

An alle Menschen, die mitbekommen, wie eine nahestehende Person dieser Krankheit verfällt: Nehmt es nicht auf die leichte Schulter, sondern helft dieser Person. Und auch wenn man manchmal verzweifelt am Ende ist – zusammen kann man alles schaffen.

Ich werde nie aufhören, mich zu freuen, wenn Annika isst, und ich werde nie aufhören, sie zu kontrollieren, denn ich passe auf sie auf, und die Krankheit ist schneller wieder da, als man glaubt.

Ich hoffe, dass ich mit Annika diesen Kampf weiterhin besiegen kann. Ich denke, man sollte diese Krankheit nicht verstecken, sondern offen damit umgehen und sich Hilfe suchen, denn diesen Kampf übersteht man besser zu zweit.

Als beste Freundin ist es schlimm, zu sehen, wie meine geliebte Anni leiden muss, aber es ist umso schöner, wenn wir zusammen etwas erreichen.

Durch diese Krankheit bekommt man neue Blickwinkel auf das Leben, und man lernt die kleinen Dinge und Fortschritte im Leben wertzuschätzen.

Magersucht ist keine Krankheit, die sich sofort von heute auf morgen heilen lässt. Das ist ein langer Prozess, aber man darf niemals aufhören, daran zu glauben, dass man es schafft, und muss die Fortschritte wertschätzen. Denn irgendwann ist man stärker als die Stimme im Kopf.

Annikas Eltern

Alles begann für uns im Herbst 2014. Bei einem Eltern-sprechtag sprach mich die Klassenlehrerin von Annika darauf an, dass sie unsere Tochter zunehmend dünner empfand, und äußerte den Verdacht einer Magersucht.

Es war damals ein Schock für mich, ich war allerdings auch sehr dankbar, dass die Lehrerin die Vermutung ganz offen ansprach.

Mir war schon aufgefallen, dass Annika abgenommen hatte. Weil sie aber viel Sport trieb und sich seit dem Sommer vegetarisch ernährte, dachte ich mir zunächst nichts dabei. Ich beobachtete in den nächsten Tagen also das Essverhalten unserer Tochter. Sie aß morgens immer schon sehr wenig, weil sie sich wenig Zeit zum Frühstücken nahm. Mittags nach der Schule hatte sie meistens großen Hunger, abends war es eher wech-selhaft. Sie aß jedoch weiterhin gerne Snacks (Chips u. a.) und Pizza. Da ich als Kinderkrankenschwester das Krankheitsbild der Magersucht kenne und auch schon während meiner Arbeit Mädchen erlebt hatte, die zwangsernährt wurden, fand ich das Verhalten von Annika und auch ihr Gewicht eher untypisch. In Gesprächen mit meinem Mann beschlossen wir, erst mal alles weiter zu beobachten. Rückblickend weiß ich nicht genau, ob wir uns etwas vorgemacht haben oder der Prozess einfach so schleichend vor sich ging.

An einem Wochenende kam dann ein Anruf von Annikas Trainerin Karin, zu der sie schon lange Jahre ein sehr gutes und vertrauensvolles Verhältnis hatte. Sie erzählte mir, dass Annika ihr unter Tränen berichtet hatte, dass sie ein Problem mit dem Essen habe. Sie achte stark auf die Kalorien, die sie zu sich nehme ,und könne damit nicht mehr aufhören.

Jetzt war es raus und für uns klar – Annika hatte Magersucht. Karin bat mich, Annika nichts von unserem Gespräch zu erzählen, weil sie ihr Vertrauensverhältnis nicht zerstören wollte. Ich glaube nicht, dass Annika das jemals als Vertrauensbruch empfunden hat. Sie konnte einfach nicht den Mut aufbringen, mit uns als Eltern über alles zu sprechen – sie wollte uns wohl nicht verletzen.

Letztendlich hatte sie in Karin eine Verbündete gefunden, die nun gemeinsam mit ihr nach Lösungen suchte. Natürlich schossen mir sofort tausend Gedanken durch den Kopf. Wieso Annika? Was haben wir falsch gemacht? Wieso konnte sie uns nicht erzählen, wenn es ihr nicht gut ging? Ich empfand unser Verhältnis bis dahin immer als harmonisch und offen. Ich habe unsere Tochter immer als unkompliziertes, lebensfrohes und zielstrebiges Mädchen empfunden. Sie hatte viele Freundinnen, viel Freude an der Musik und ihre Rope-Skipping-Gruppe, in der sie sich sehr einbrachte, und auch in der Schule lief alles gut. Annika war immer ein empathischer Mensch. Sie achtete sehr darauf, dass es anderen Menschen gut ging. Vielleicht vergaß sie dabei aber sich selbst.

Wo also war nur der Auslöser des Ganzen?

Ich erzählte meinem Mann von dem Telefonat und wir beschlossen, Annika auf die Sache anzusprechen. Das Gespräch ist uns noch heute gut in Erinnerung. Es war für uns alle nicht leicht – ich glaube aber, sie war froh, dass jetzt alles raus war.

Wir waren uns klar darüber, dass wir kurzfristig handeln mussten, und wollten nichts auf die lange Bank schieben.

Unser erster Weg ging zum Kinderarzt. Es wurden Blutwerte kontrolliert und natürlich ihr Gewicht, das sich im niedrigen Normalbereich bewegte. Wir beschlossen gemeinsam eine kontinuierliche Kontrolle des Gewicht alle zwei Wochen beim Kinderarzt. Annika war seit dem gemeinsamen Gespräch umgehend therapiebereit und machte alles bereitwillig mit. Wir mussten eigentlich nie mit ihr über das Erfordernis von Therapien oder Maßnahmen diskutieren. Sie wollte wieder raus aus der Magersucht. Dass der Weg jedoch länger wurde, konnten wir uns alle zu diesem Zeitpunkt nicht vorstellen. Mein Mann und ich lasen Bücher über Magersucht und recherchierten im Internet – wir wollten jetzt alles richtig machen. Uns war klar, dass wir den Kampf gegen die Erkrankung nicht alleine schaffen konnten und Hilfe von außen in Form psychologischer Unterstützung für Annika benötigten. Wir bekamen Listen mit Therapeuten in die Hand gedrückt und versuchten, für Annika irgendwo eine gute Hilfe zu erhalten. Wer mit psychischen Erkrankungen zu tun hat, weiß vielleicht, wie schwer es ist, schnell einen geeigneten Therapeuten zu bekommen. Wartezeiten von vier bis sechs Monaten sind die Regel. Ich konnte es nicht fassen. Unser Kind war krank. Wieso hilft uns keiner? Die Besuche beim Kinderarzt brachten uns auch nicht weiter. Ich hatte das Gefühl, er war überfordert mit der Situation. Ich wollte wissen, wie wir uns jetzt am besten verhalten sollten – in Büchern liest man immer wieder: das Essen nicht zum Thema machen, keine Reaktion auch bei gestörtem Essverhalten zeigen. Das ist leichter gesagt als getan. Wie soll ich dabei zuschauen, wenn sich mein Kind still zu Tode hungert. Ich kochte also ihr Lieblingsessen und bot ihr doch ständig etwas zu essen an. Somit wurde das Essen immer mehr zum Streitthema.

Annika versteckte Essen, und die Schulbrote wurden weggeworfen. Sie wusste, dass ihr Essverhalten gestört war, aber sie kam aus dem Kreislauf nicht mehr heraus. Annika freute sich, wenn sie Komplimente zu ihrer schlanken Figur bekam – war jedoch nicht damit zufrieden und strebte eine immer schlankere Figur an.

Über Beziehungen im meinem Arbeitsumfeld bekamen wir dann endlich im März 2015 einen ambulanten Termin in der LWL-Klinik in Paderborn. Fünf Monate hatten wir also allein mit der Magersucht zu kämpfen. Ich war erleichtert – endlich ging es los, und wir bekamen Hilfe. In Gedanken stellte ich mir eine ambulante Therapieform vor. Die Realität hatte uns jedoch schnell wieder eingeholt – es gab keine freien Behandlungsplätze, und wir vereinbarten lediglich einmal pro Monat Notfallgesprächstermine. Die Therapeutin war zwar sehr nett und verstand unsere Lage, konnte jedoch nicht mehr anbieten. Letztlich riet sie uns zu einem stationären Aufenthalt. Annika war auch hierzu sofort bereit. Also vereinbarten wir einen Vorstellungstermin in einer Kinder- und Jugendpsychiatrie. Ich konnte mich nur schwer mit dem Gedanken anfreunden, Annika dort unterzubringen. Parallel informierten wir uns über andere Möglichkeiten. Annika verlor immer mehr an Gewicht. Sie wog 44 kg, war oft müde und schlecht gelaunt, zog sich immer mehr in ihr Zimmer zurück und wurde zunehmend depressiv. Eine leichte Besserung dieser Stimmung brachte der einwöchige Frankreichaufenthalt, der seitens der Schule organisiert war. Es war schön, zu sehen, wie sehr sich Annika darauf freute und wie gut ihr die Zeit dort tat – mal weg von zu Hause und allen Problemen. Sie nahm sogar leicht an Gewicht zu. Nach der Rückkehr war allerdings alles wieder beim Alten, und die Magersucht hatte sie und uns wieder voll im Griff.

Die Alternative zur Psychiatrie sahen wir letztlich in einer Reha-Klinik für essgestörte Kinder und Jugendliche. Wir alle hatten ein gutes Gefühl bei den ersten Vorstellungsgesprächen, und auch ich konnte mir vorstellen, Annika dorthin zu geben. Doch auch hier gab es nicht gleich freie Plätze. Wir stellten Anträge und ließen Annika auf die Warteliste setzen, planten unseren gemeinsamen Sommerurlaub und bekamen danach endlich eine Zusage seitens der Reha-Klinik. Annika sollte im September aufgenommen werden. Jetzt wurde es also ernst. Ich glaube, wir alle waren froh, dass nun endlich eine richtige Therapie starten konnte, doch wir hatten auch Angst vor dem, was vor uns lag.

Der Aufnahmetag in der Reha-Klinik war schrecklich. Wir hatten nie ein Problem damit, wenn Annika bei Freundinnen schlief oder allein in die Ferienfreizeit fuhr. Aber unsere Tochter mit einer Suchterkrankung in einer Klinik allein zu lassen, fiel sehr schwer. Obwohl ich mir vornahm, stark zu sein, liefen beim Abschied die Tränen über die Wange. Die ersten 14 Tage bestand eine absolute Kontaktsperre. Annika sollte erst einmal Abstand gewinnen, um sich voll auf die Therapie einlassen zu können. Wir haben beide in der Zeit viel gearbeitet, um Ablenkung zu haben. Dann stand der erste Besuch an — es war irgendwie komisch. Wir alle versuchten, so normal wie möglich miteinander umzugehen — es gelang uns aber nur schwer. Annika hatte sich gut in der neuen Umgebung eingelebt, kam gut mit der Therapeutin zurecht und hatte schon einige Freundschaften geschlossen. Obwohl sie eher schüchtern war, fand sie doch immer schnell Kontakt zu anderen Jugendlichen. Sie hielt sich strikt an den vorgegebenen Essensplan und machte alle Therapien bereitwillig mit. Wir konnten Annika an den Wochenenden immer besuchen, und als sie weiter an Gewicht zunahm, konnten wir auch kleine Ausflüge planen. Der Abschied fiel mir immer noch schwer, aber ich war auch erleichtert, einen Teil der Verantwortung nicht mehr tragen zu müssen.

Nach acht Wochen Reha-Klinik konnten wir Annika in den Herbstferien wieder abholen. Alles lief wieder seinen gewohnten Gang. Annika begleitete gleich die Ferienfreizeit ihres Sportvereins, besuchte danach wieder die Schule, ging ihren Hobbys nach und traf sich mit Freunden. Wir versuchten, das Erlernte zu Hause gut umzusetzen, merkten aber schnell, dass das Essen weiter ein großes Thema blieb und auch immer wieder zu Problemen führte.

Annika besuchte im Anschluss an den Klinikaufenthalt nun einmal pro Woche eine Psychotherapeutin. Sie baute schnell ein vertrauensvolles Verhältnis zu der Therapeutin auf. In Einzel- und Familiengesprächen kämpften wir weiter gegen die Magersucht an. Aus Gesprächen mit Bekannten und Freunden, die selbst betroffen waren, wussten wir, dass das Ganze Zeit braucht – viel Zeit. Im Familien- und Freundeskreis gingen wir stets offen mit Annikas Erkrankung um. Auch unsere Tochter hatte gleich zu Beginn der Magersucht den Mut aufgebracht, offen ihre Erkrankung anzusprechen. Sie informierte sowohl ihre Rope-Skipping-Gruppe, ihren Freundeskreis als auch ihre Klasse über ihre Essstörung. Wir sind noch heute stolz darauf, dass sie diesen mutigen Schritt von sich aus gegangen ist. Annika und wir mussten jedoch schnell feststellen, dass es auch in der heutigen aufgeklärten Zeit einige

Menschen gibt, denen es noch sehr schwerfällt, mit diesem Thema umzugehen. Im Laufe der Zeit machte sie wieder Rückschritte. Annika verlor wieder an Gewicht, und wir beschlossen auf Anraten der Therapeutin, einen zweiten Klinikaufenthalt zu organisieren. Diesmal ging alles etwas schneller, so dass nach etwa zwei Monaten der erneute Aufenthalt in der Reha-Klinik bevorstand. Da wir alle wussten, was uns erwartete, fiel es doch deutlich leichter als noch beim ersten Aufenthalt. Annika erlebte den Abstand zu uns eher als etwas befreiend. So lehnte sie manchmal auch unsere Wochenendbesuche ab. Sie fand schnell wieder Kontakt zu ihren Mitpatienten und konnte sich gut mit ihnen austauschen. Rückblickend muss ich sagen, dass man einige Dinge vielleicht nur verstehen und nachvollziehen kann, wenn man selbst betroffen ist. Es fiel Annika weiterhin schwer, mit uns über ihre Gefühle zu reden. Vieles kam erst bei den Familiengesprächen auf den Tisch. Diese waren für alle stets emotional, aber sehr befreiend, denn uns wurde immer wieder deutlich, dass der gegenseitige Austausch hilft, Klärungen herbeizuführen und Verständnis für die Situation des anderen aufzubringen. Nach acht Wochen war auch der zweite Klinikaufenthalt beendet. Wir verbrachten noch eine gemeinsame Woche in den Herbstferien, und dann startete der Schulalltag wieder.

Diesmal fiel es Annika deutlich schwerer, wieder Anschluss in der Schule zu finden. Es bereitete ihr zunehmend Stress, den schulischen Anforderungen gerecht zu werden. Die langen Schultage mit Nachmittagsunterricht waren besonders anstrengend. Hier fiel es besonders schwer, den Essensplan einzuhalten. Annika wirkte total erschöpft, wenn sie aus der Schule kam. Nach einer Beratung durch die Therapeutin stellten wir einen Antrag auf Nachteilsausgleich und baten bei der Schule um ein Gespräch, um gemeinsam eine Lösung für die Situation zu finden. Leider, so stellte sich im gemeinsamen Gespräch heraus, war die Stufenkoordinatorin mit der Situation und dem Antrag total überfordert. Von der Möglichkeit eines Nachteilsausgleichs habe sie keine Kenntnis. Uns wurde klar dargelegt, dass man Annika an dieser Schule keine Erleichterung, auch nicht temporär, einräumen werde. Stattdessen wurde unmissverständlich klargestellt, dass sie sämtliche Klausuren mitzuschreiben habe. Dabei konnten wir uns grundsätzlich auch vorstellen, dass Annika das Schuljahr wiederholte. Auch dann müsse sie – so die Stufenkoordinatorin – sämtliche Klausuren mitschreiben.

Uns wurde deutlich, dass ihr nichts an einer individuellen, den Gesundheitszustand unserer Tochter berücksichtigenden Gestaltung des Schulalltags lag. Für sie standen allein die Beibehaltung des leistungsorientierten Ablaufs, die Einhaltung des Lehrplans und die Teilnahme an den Klausuren im Vordergrund. Im Gegensatz dazu standen unsere Vorstellungen und Erwartungen von einer individuellen Förderung, die zumindest vorübergehend auf die Gesundheit und das Wohlergehen unserer Tochter abgestimmt sein sollte.

Dieses Gespräch mit einer Stufenkoordinatorin, zugleich Ordensschwester, lässt uns bis heute stark an unserem Schulsystem und der Fähigkeit einzelner Lehrkräfte in führenden Positionen zweifeln. Über den Umgang mit uns und unserer Tochter waren wir sehr enttäuscht und verärgert. An einem privaten Mädchengymnasium, an dem Magersucht leider kein Einzelfall ist, sollten Stufenkoordinatoren in der Lage sein, mit entsprechenden Situationen professionell und mit dem Ziel der Wiedereingliederung der Schüler umzugehen. Leider ist dies nicht immer der Fall.

Annika war stets eine gute Schülerin und hatte einen sehr guten Kontakt zu vielen Mitschülern an dieser Schule. Einige Lehrkräfte waren durchaus kompetent, erschienen im Umgang mit der Situation erfahren und wurden von uns und Annika hoch geschätzt.

Letztlich haben wir uns seinerzeit gemeinsam für einen schulischen Neuanfang entschlossen. Eine Entscheidung, die wir alle bis heute nicht bereuen und die neben vielen anderen Dingen auch zu einer Stabilisierung des Gesundheitszustandes führte.

Seit Ausbruch der Krankheit sind vier Jahre vergangen. Annika hatte seit Herbst 2016 keinen weiteren Klinikaufenthalt mehr. Die zunächst wöchentlichen Termine bei der Psychotherapeutin haben sich inzwischen auf einen sechswöchigen Turnus reduziert. Gleichwohl werden wir auch heute noch schnell nervös, wenn unsere Tochter an einem Tag weniger isst. Aber wir erleben sie jetzt wieder als lebensfrohen, glücklichen und selbstsicheren Menschen, der Pläne für die Zukunft schmiedet, sich gern mit Freunden trifft und wieder Freude und Spaß am Leben hat. Wir müssen keinen strengen Essensplan mehr einhalten. Annika hat ein normales Gewicht und lernt mehr und mehr, ihren Körper so anzunehmen, wie er ist. Trotzdem wird die Magersucht wohl immer in unseren Köpfen mitspielen.

Einige ergänzende Ausführungen des Vaters:

Rückblickend war es für uns alle sicherlich eine schwierige Zeit, insbesondere für Annika. Wie oft habe ich mich gefragt, was den Ausschlag für die Erkrankung unserer Tochter gegeben haben könnte. Und auch wenn in den Fachbüchern über Essstörungen oft die Rede davon ist, dass sich Eltern nicht mit Schuldgefühlen aufhalten sollten, so hat mich die Schuldfrage nicht unwesentlich beschäftigt. Gut tat mir in dieser Situation der Austausch mit Freunden und Kollegen/Kolleginnen, insbesondere mit denen, die entweder selbst oder im familiären oder beruflichen Umfeld Erfahrungen mit essgestörtem Verhalten hatten. Auch die Gespräche mit den Psychotherapeutinnen in der ambulanten kinder- und jugendpsychiatrischen Tagesklinik, der Reha-Klinik und die Familiengespräche mit der behandelnden Psychotherapeutin waren stets sehr hilfreich und für mich sehr gewinnbringend. Sie führten zu einer Reflextion des eigenen Verhaltens, des Umgangs mit dem Essen innerhalb der Familie und der Kommunikation untereinander. Sie führten auch dazu, Verständnis für das Verhalten von Annika zu gewinnen und zu begreifen, dass sie nicht einfach den Schalter umlegen kann, auch wenn sie dies hinter ihrer Maske der Essstörung gern getan hätte. Es dauerte eine Zeit, bis ich selbst begriff, dass die Ursachen einer Essstörung in aller Regel vielschichtig sind und es sich um eine Krankheit handelt. Ich habe uns als Familie beim Kampf gegen die Erkrankung stets als Einheit erlebt, die an einem Strang zieht und versucht, unter Abwägung der Alternativen den besten Weg zur Genesung unserer Tochter zu finden – auch wenn dieser Weg oftmals steinig und nicht immer von Erfolg gekrönt war. So war ich beispielsweise von Annikas Idee, sich künftig vegetarisch zu ernähren, von Beginn an nicht begeistert, konnte meinen Einfluss aber nicht verhaltensändernd einbringen. Es war im Alltag auch schwierig, einzuschätzen, welche Reaktion pubertär normal und welche von der Essstörung beeinflusst war. Damit hatte ich schon so meine Schwierigkeiten. Die Unsicherheit, ob ganz banale Fragen, etwa die nach dem Essverhalten in der Schule, nach einem weiteren Stückchen Kuchen oder nach dem Gewicht, gestellt werden sollten, prägten das Miteinander.

Nachdem sich die Symptome immer mehr zu der Diagnose einer Essstörung verdichteten und letztlich der Anruf ihrer Trainerin, für den ich ihr immer dankbar sein werde, und das Gespräch mit Annika auch bei mir letzte Zweifel an dieser Diagnose ausräumten, stand für mich frühzeitig fest, dass wir schnellstmöglich externe Unterstützung in Anspruch nehmen müssen. Annika hatte selbst ein großes Bedürfnis, schnell wieder gesund zu werden, und war von Beginn an therapiebereit. Die Suche nach geeigneten Therapeuten, die langen Bearbeitungszeiten und Genehmigungsverfahren, die Wartezeiten bis zu einem Erstgespräch und zur Aufnahme einer psychotherapeutischen Behandlung sowie die eigene Unkenntnis darüber, welche Schritte zu gehen sind, haben mir damals sehr zu schaffen gemacht. Es war uns ein großes Anliegen, Annika an Therapeuten zu geben, die sich mit Essstörungen auskannten. Dabei nahmen wir lieber lange Anfahrtswege in Kauf, als sie in nicht spezialisierte Hände zu geben. Die Erstgespräche mit einigen Psychotherapeuten in der näheren Umgebung, die ich gemeinsam mit Annika führte, waren durchaus ernüchternd. Letztlich haben wir eine sehr gute Therapeutin finden können. Die wöchentlichen einstündigen Anfahrtswege haben wir dabei gern in Kauf genommen. Und auch bei der Wahl der Reha-Klinik und der neuen Schule hatten wir trotz der Erkundigungen im Vorfeld sicherlich auch wirklich Glück. Zu Hause haben wir Annika viele Freiräume eingeräumt. Die Essstörung steht heute nicht mehr im Vordergrund. Die Essenszeiten nehmen wir in der Regel gemeinsam wahr. Ich bin rückblickend der Auffassung, dass die Rahmenbedingungen, die wir Annika zum Kampf gegen die Erkrankung ermöglichen konnten, gut und hilfreich waren. Letztlich hat sie selbst aber die damit verbundenen Chancen wahrgenommen und selbst dafür gesorgt, dass sie heute wieder froh und glücklich in die Zukunft schaut und wir viel Freude miteinander haben. Bei allem sind wir als Familie durch den Kampf gegen die Essstörung näher zusammengerückt und gestärkt für die schönen Dinge des Lebens und das, was kommen mag.

Schlusswort

Das Leben ist nicht immer eine gerade Straße. Manchmal zwingt es dich auch dazu, einen Umweg zu machen. Dieser Weg ist steinig. Mit vielen Höhen und Tiefen. Man gelangt an Orte, an denen sich der Weg gabelt, und muss sich entscheiden, auf welchem der Wege man weitergehen möchte. Man gelangt an reißende Flüsse und weiß nicht, wie es weitergehen soll. Doch irgendwann findet sich eine Brücke, auf der man sicher ans andere Ufer gelangt.

Auch ich musste in meinem Leben einen solchen Umweg gehen. Dieser Weg war nicht leicht. Ich war oft kurz davor aufzugeben, da ich mein Ziel aus den Augen verloren hatte. Aber ich habe mich trotzdem immer wieder aufgerappelt. Und am Ende haben sich alle meine Bemühungen und Anstrengungen gelohnt, denn ich habe mein Ziel erreicht. Auch wenn ich manchmal einige Rückschläge einstecken musste, bereue ich nicht, diesen Weg gegangen zu sein. Der

Weg hat mich stark gemacht, und ich habe durch ihn vieles über mich gelernt. Ich bin an seinen Herausforderungen gewachsen. Ich habe Willensstärke und Durchhaltevermögen bewiesen und konnte so den Weg mit seinen vielen Hindernissen bezwingen.

Das Leben möchte uns nicht bestrafen, wenn es uns auf einen Umweg schickt. Es möchte uns zeigen, dass wir stark genug sind, um diesen Weg zu meistern. Das Wichtigste ist, nicht aufzugeben.

Ich kann selber sagen, dass es sich lohnt. Und jeder, der den Willen dazu hat, seine Krankheit zu besiegen, wird es schaffen können. Lasst euch nicht entmutigen.

Ein Leben ohne Magersucht ist so viel schöner. Das Leben birgt so viele Schönheiten in sich. Man kann endlich wieder man selbst sein. Man ist so vieles mehr als diese blöde Krankheit. Lasst euer Leben nicht von einer Krankheit bestimmen, die euch klein macht. Ihr bezahlt letztendlich einen zu hohen Preis, wenn ihr euch dieser Krankheit beugt – euer Leben. Fangt an zu kämpfen und entscheidet euch für das Leben.

Zitierte Songtexte

Herz	**Casper**
Bauch und Kopf	**Mark Forster**
weightless	**Mi**